生命之树的根

家中月 著

中国商业出版社

图书在版编目（CIP）数据

生命之树的根/家中月著．—北京：中国商业出版社，2016.4

ISBN 978-7-5044-9392-7

Ⅰ.①生… Ⅱ.①家… Ⅲ.①家庭教育 Ⅳ.①G78

中国版本图书馆CIP数据核字（2016）第077462号

责任编辑：唐伟荣

中国商业出版社出版发行
010-63180647　www.c-cbook.com
（100053　北京广安门内报国寺1号）
新华书店总店北京发行所经销
北京时捷印刷有限公司印刷

*

710×1000毫米　16开　9印张　80千字
2016年4月第1版　2016年4月第1次印刷
定价：28.00元

* * *

（如有印装质量问题可更换）

Preface 序

寻生命之根　寻文化之根

《生命之树的根》扎在家庭的环境里，父母是辛勤的园丁，耕耘着小树扎根的土地。

雨露悄悄地来了！它是知识与艺术的化身，它是一本家庭文化不可缺少的读物，它是年轻父母们养育生命、教育子女的奠基石。

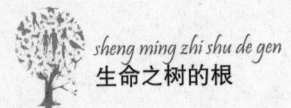

Preface 前言

社会的稳定健康发展、时代的进步靠的是人性的不断进化，人性的不断进化靠的是良好的教育，教育的根扎得越深，其得到的效果就越好。

在我们这个社会中，各行各业都有培训班，都是先培训再上岗，唯独没有家长培训班、父母学校。婴幼儿的教育是整个民族发展的根本，重中之重在于家庭教育。作为父母，要思考怎样才能给孩子提供一个健康良好的成长环境，使其身心健康、个性完善都能够很和谐地发展，并让我们的孩子从小就懂得求取上进的心，要像蓝天一样高远广阔，同时也要把善和德的根扎的像大地一样厚，能承载得住万物。

我是一个孩子的母亲，有着近二十年的育儿经历，在家庭教育方面记录下很多自己的感受以及经验，希望能在《生命之树的根》这本书里跟大家共同探讨家庭教育的奥妙与乐

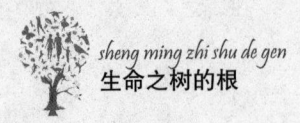

趣。此书如果能给您对孩子的教育带来帮助，将是我最大的欣慰！

由于作者知识浅薄，书中免不了有错误疏漏之处，渴望众读者指正。谢谢！

Contents 目录

序

前言

第一课　寻生命之根　/ 001

第二课　寻文化之根　/ 007

第三课　胎教　/ 013

第四课　家庭文化　/ 019

第五课　认知　/ 025

第六课　天然的因材施教　/ 031

第七课　因机施教　/ 037

第八课　注重方法　/ 043

第九课　杜绝简单粗暴　/ 049

第十课　教育是一门艺术　/ 055

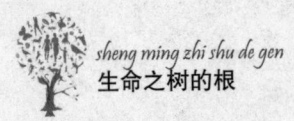

第十一课 练心胸·大气 / 063

第十二课 诚实是阳光 / 069

第十三课 讲情义 / 075

第十四课 有担当 / 083

第十五课 学会勇敢 / 089

第十六课 学以致用 / 097

第十七课 少成若天性，习惯成自然 / 105

第十八课 莫强求 / 111

第十九课 责任心 / 119

第二十课 做孩子的向导 / 127

后记 / 134

第一课

寻生命之根

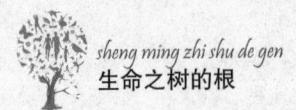

sheng ming zhi shu de gen
生命之树的根

第一课
寻生命之根

若问生命之树的根扎深到何处？我理解，应该是集优生、优养、优教为一身，包括优身受孕，优境养胎，优良家教。谈到现代科学技术体系之内的人体科学中的一个最基本的问题——优生，据研究表明，妇女最佳生育年龄为24~34岁，男子在30~40岁，母亲在25~29岁时生下的孩子智商较高，关于受孕的时间，专家认为秋季最好。古时候受孕的日子更有讲究，《妇人良方》中讲，大风雨雾、寒暑雷电、日月无光、天地昏暝等，这样的日子都不能受孕。

注重优生，注重胎教，都是为良好的家庭教育做铺垫，为孩子一生的前途做铺垫。《生命之树的根》这本书，不失传统教育的思想，让一些理性的知识先入为主。但从教育方法上讲究艺术化，有现代教育的平等、自由、开放，讲究节制、定力，巧妙地运用严爱互济、恩威并用。

从人出生的根基而论，有一部分的命运和性格是与生俱来的。从人出生的年、月、日、时四柱所批出来的八字里看，

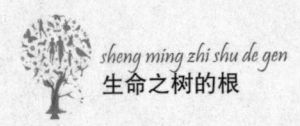

就能找到你这一生一世注定的宿命有哪些，因为人出生时的年、月、日、时四柱的形成就是他上世的修行造化组成的。所谓法律外面有天律，天律这本账比法律记得细，生生世世谁都逃脱不了。

这不是迷信，批八字是古人留下来的一种文化，它是宇宙之间的事实真相。那么注定的这一生一世的宿命能不能改呢？或能改多少呢？因人而异。《了凡四训》里有知命、改命的经历，道家祖先老子的《太上感应篇》里，种善因得善果，种恶因得恶果，这是人间永不变的真理！古人的教诲能跨越时空，警钟长鸣！千万不要认为这是迷信。人一生一世的造化、修养，决定着与生俱来的宿命能改进多少。从人的生命呱呱落地开始，所接触到的就是父母给予他的环境，他将在这个环境中成长，开始人生命里程的第一站，也是最关键的生命起点。孩子将耳闻目染父母的一言一行，学着认知、说话、做事。所以说父母的职责是神圣而伟大的，不但肩负着创造生命、养育生命，而更重要的是对孩子的言传身教，对孩子一生的命运起着决定性的作用。孩子与生俱来的部分性格也借助父母以及祖辈们的遗传基因，所以家庭环境形成的家庭教育，将是孩子这棵生命之树的根，更是扎好扎不好、扎深扎不深的主要原因，决定着孩子这棵生命之树今后是否能长成参天大树。

教育不是万能的，没有教育是万万不能的，我们每一位做父母的都要重视，肩负起第一任老师的神圣职责，培养好家里的这棵小树苗，让这棵生命之树的根扎得越深越好。

第一课的思考题

读完《寻生命之根》这一课，您认为该怎样做才能使自己和孩子的未来向好的方向发展？

第二课

寻文化之根

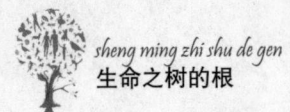

第二课
寻文化之根

中国上下几千年来人们的思想靠儒、佛、道三教文化精髓教化,并以此支撑着民族的灵魂,也因此被誉为"世界文明之国"。

我在一本书里看到过这样的记录,早在1970年前后,著名历史哲学家英国汤恩比博士,在一次欧洲国际会议的讲演当中提出了靠什么来解决二十一世纪世界的纷争问题,认为只有中国的孔孟学说与大乘佛法。英国教育部、澳洲政府曾先后规定小学、中学、大学的正规课程里面都有佛法教育内容。随着社会的发展,到中国学习研究传统文化的西方学者越来越多,有识之士认为,只有中国的儒家文化之精髓才是拯救世界未来的良方。

可见,我们古圣先贤的智慧能够跨越时空,跨越国界。正如《道德经》上所说:"天长地久,天地所以能长且久者,以其不自生。故能长生。"意思是说:从无法计算的年代之前天仍然是这个天,地仍然是这个地,可见它的生命是长久的。

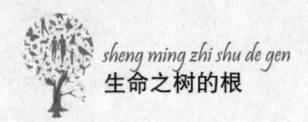

那么天地为什么能如此长久呢？就是因为它不自己生自己，而是生长万物，不为自己而为他人，所以它能够长生。

"是以圣人后其身而身先。"意思是说：因此，圣人明白这个道理之后，他们学着天地一样，将自己的事放在后面，将别人的事放在前面。你虽然将自己置之度外，但是，你的真我反而永远长存。这就是圣人没有自私心，反而成就了他的伟大。而且等到他的身体死了，他的精神、思想、文化受后人世世代代的敬仰学习。

早在春秋之前我们的祖先就发明了道家文化。道重"无为"、"中庸"，悠悠古刹，青竹小花，淡然自若，笑谈饮茶。道是闲散的，道是平淡的，像竹林山上流下的一条清溪，卷起几片黄叶，咏诵淡淡清风，平静得就像清澈见底的水，就像飘渺淡然的雾。道亦道，唯静吾先，道更多的是心境，要悟，不可说。道教育做人的纯净、纯善、德配天地，做事的细微稳固等，其文化思想深不可测。

佛则较为中性，佛的生命是仁慈的。有些人认为佛是迷信，道有些虚幻，说儒比较真实。其实佛并非迷信，我认为佛的教育极为高尚，佛法是一个完整的学校，依照佛法修学也有学业的层次之分，释迦摩尼佛教学四十九年，现身说法不用教科书，何等的智慧，而且是放弃了执政的王位，献身教育事业，堪称多元文化的社会教育家，智慧德能广大无边。有很多方面道和佛是一家。道家重一个"修"字，关闭七情六欲，静养生息，到一定程度能变化分身等。佛家的戒定慧也是如此，戒是让我们断恶修善；定是清净心，有一分清净心就有一份智慧，讲究定力越高其境界就越高；佛法讲的是去掉妄想执着心，修无为法身就能找到真我，就能学到究竟圆满的智慧，有了智慧才能去解决一切事务。每个人的根性不同所感悟到的也有所不同，佛家讲修学是件很快乐的事情。

儒家的文化和道、佛相比，现实明了些。儒的生命是积极的，"学而仕之，有所作为"。人生下来就是来作为的，孔子的这句话支撑人们思想数千年。孝悌忠信、礼义廉耻、仁爱和平、父子有亲、长幼有序、夫妇有别、君臣有义、朋友有信等，五伦八德，无一不是在教育做人，善与德的根扎深才不会走更多的弯路，不会有太多的灾难与挫折。

儒、佛、道任何一家文化身上都有所平衡，发展用以儒加西方文化，因为儒有所作为，而西方文化的竞争才能发展更快。治世用以道，过度的发展意味着后代跟不上节奏，于是会有人发出不满之情，过多乱世必到。道之中庸，最以用守江山守人心。治世的标志不光是发达，而更重要的是平稳。佛任何时候都能用，但不专致，它中性但也有所不及。

儒为进、道中庸、佛为仁，三者交合名为"天"，为儒之进以加道之庸外有佛之仁。生之唯有进中有庸，庸中有仁，仁中有进，可称天道。

我建议孩子的早期家庭教育更多采用传统教育的孝悌忠

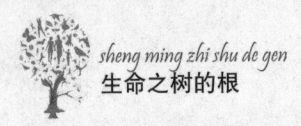

信来扎下德善之根，但要采用现代素质教育的方法。古圣先贤的教育内容，做人的根本是永不变的真理，但古人的教育方法上有些死板。教孩子什么内容是一个方面，教和学的方法也是极其重要的一个方面。现代新式的有些教育内容推崇"不能让孩子输在起跑线上"，从小就得锻炼他的竞争力。但最好要适度而止，根据与生俱来的天性而定，其教育内容是偏向传统教育内容多些，还是现代教育内容多些。需要每个做父母的都要长一双慧眼，仔细观察后根据个性因材施教。这一点只有家庭教育能做到，校园教育是做不到的。

第二课的思考题

您认为只有家庭教育能做到，而校园教育做不到的内容有哪些？

第三课

胎　　教

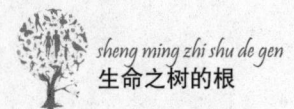

第三课
胎　教

在现代的社会里，科学地进行胎教，在优生学中占有很重要的地位。关于这方面的实验国内外的医学界、声学界早已做过多次，发表过许多科学论文。

在妇女怀孕的过程中，首先注重体质的调理与保养，只要妈妈的体质较好，胎儿的健康自然就有保障。胎教要建立在母子健康的基础上。怀孕后母亲和胎儿结为一体，母亲的言行举止无时无刻不在影响着胎儿，因此胎教为婴儿今后的智力开发奠定了很好的基础。现代化的胎教知识很广泛，音乐胎教、语言胎教、抚摸胎教，还有文学、书法、绘画胎教，以及分直接胎教和间接胎教等。国内外的专家做过的大量实验证明，怀孕五个月后的婴儿已有听力、视力、记忆，已经具备了人的感觉能力，虽然胎儿不会听懂，但是外部的一些影响如反反复复的声音可以在胎儿大脑留下痕迹，出生后仍会对此声音有所感触。

我国古籍中有很多记载，都有提到胎教的知识，如《黄帝

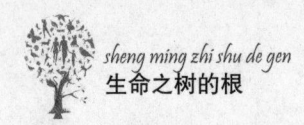

内经》《烈女传》等。汉代的书籍中出现过大量的有关胎教内容的记载和论述。宋代名医陈自朋在《妇人大全良方》中就立有"胎教论",明朝胎教更进一步地完整起来,成为比较系统完善的学说。清朝末期著名思想学家康有为的著作《大同书》中也有建立胎教院,以培养聪明后代,提高人口质量的主张。古代的一些思想家、教育家、医学家都非常注重胎教,如孔子、孟子、周文王的母亲等,古书里都有所记载。如孟子的母亲说过一段话:"吾怀妊是子,席不正不坐,割不正不食,胎教是也。"意思是说:"我在怀孩子时,席子不正都不坐,肉切不方形也不吃,及其有娠,目不视恶色、耳不听淫声、口不出傲言,从胎儿就开始了言传身教。"可是直到现在偏远的山区,农村还有大部分人没有这方面的知识,所以普及胎教,普及家庭教育是当前社会中需重视的一大方面。人口质量的提高,人性的进化才是一切发展的基本。

谈到胎教我也有过亲身经历,怀孕期间孩子的爷爷喜欢拉二胡,在农村吃过晚饭坐在大门外面拉二胡,会招好多人来听。孩子出生后每次哭闹不止时,只要听到爷爷的二胡音乐响立刻停止哭声静静地听。

另外,我建议在怀孕期间多看一些善书,佛经的精彩段落能使情绪、心理舒畅,遇事不生气、不着急,同时也能影响孩子的正善正觉等。

第三课
胎 教

第三课的思考题

您注重胎教吗?您认为最好的胎教方法有哪些?

第四课

家庭文化

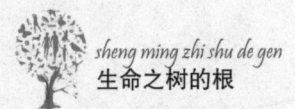

第四课
家庭文化

用文字记录下来经历中精彩的点点滴滴是一件非常有益且有意义的事情。就好像从小写日记一样，也许你会忘记了哪一年的哪一天发生过什么事，但如果有做记录的好习惯，翻开日记本就会一目了然。

家庭文化就这么简单。用笔和纸记录下来小生命是从何时开始的；每个月长了多少体重；几个月时会在腹中动的；给他做了哪些胎教，他的反应如何；直到出生之后照个照片记录下来小生命初来乍到的样子。我建议做妈妈的一定要把孩子从小到大的外表的形象变化留下来，比方出生时的照片、满月时的照片、一周、二周岁……每年的生日照片都保留在一个相册里，到孩子长大了能自己记录的时候一起交给他，让他去继续做。这是一件非常有意义的事情。照片可以记录下孩子成长中外表的形象变化，文字则可以记录下孩子思想和心理的成长变化。比如出生后多少天孩子会笑了，几个月会吃饭了，几个月时会学大人拍手了，多大会认字了，什么

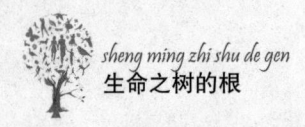

时候会说话了,甚至一些很有趣的事情。尤其是婴儿的疾病更要做好记录。

宝贝在健康的基础上发生的疾病大体就两个方面:呼吸道和肠道。做妈妈最好不要动不动就找医生,或有了病完全依赖医院。要懂得记录,才能够观察得更仔细,由此总结出经验,而不是死板教条地老翻书。什么时候气温反差大不宜出门,预防感冒。什么东西不易消化不吃,或根据孩子的体质状况少吃,检查孩子的大便,消化不好是什么样的。是不是不用吃药,注意下饮食或多吃点酸的调理调理,如山楂精、橘子水等,酸的东西开胃易消化。或是大便水分多,可能是着凉了,多喝点红糖水,热敷小肚脐等。总之婴儿的疾病一是靠预防,二是靠仔细观察,把疾病处理在萌芽阶段,就能少吃药打针。小孩子的身体健康也是一种良性循环,当小生命的身体各方面还未发育完善时,很容易生病,处理不好就会引发恶性循环,常感冒或老闹肠炎。这些都跟妈妈的照顾不周有关,如果我们仔细观察,有做记录的好习惯,善于总结方方面面的经验,孩子就少得病,身体也会越健康,抵抗力越强。能预防的,能调理的或能物理治疗好的,都最好少吃药或不吃药,是药三分毒。

我就是这样做着过来的,我孩子今年十八周岁了,长这么大没进过一次医院。小时候偶尔在小诊所打个针拿点药也是极少数的。

当然了,文字记录是要拣主要的,自己认为有价值的事情记录下来以备今后参考,也不是事事都记。直到孩子上小学时,他自己会写日记了,做妈妈的要鼓励他来做自己的记录。我们要告诉孩子等你长大了或老了的时候,你可能会不知道自己多大时长什么样子,你可以翻出你的专本影集,那里面有你从出生来到这个世间,每一年的照片,这都是你从小到大的外表的形象变化。如果你长大了或老了想知道曾经那一年的那一天发生过什么事,你就翻开你的日记,那里有你想知道的答案,也有你自小到大思想和心理的成长变化。这些才是孩子一生最大的财富,是花多少钱都买不来的。

所以,我建议我们每一对做父母的,尤其是做妈妈的一定要从你的小生命扎根发芽的那天起,做好家庭文化,记录下来所有有趣有价值的事情。既给自己的经历增长了知识,也给孩子留下了花钱买不来的财富。

另外,我儿子从小学到中学写过的所有文章,我再忙都会抽时间,挑好的给他订成一本本小册子。封面上写着"少年的梦 邹森著"。儿子经常会给同学炫耀,看"妈妈出版社"的"书",非常能鼓励他。下面把我儿子小学三年级时写过的一篇小文章,给大家看看。

我爱书

假如说知识是藏在山石中的宝藏,那么书就是坚硬无比的

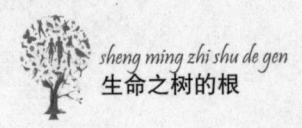

挖掘机。只要多看书，就能把握一切，挖掘出山石中的宝藏。

我就是这么一个喜爱看书的人。我看过许多书，只要一有时间，我就如饥似渴地看书。这不，刚从吕叔叔那儿借了本《108位名人成才故事》，我已经看了90多位名人的成才故事了。

我还十分爱看《哆啦A梦》的漫画书。刚回到家里就飞快地跑到书桌前看书，好像发现新大陆一样开心。过了一会儿，我安静了，完全进入书里了。我和书中的人物一起开心，一起悲伤，好像我就是他们，他们就是我。就连爸爸叫我吃饭我也没听见。

我还爱看古代神话书。每看完一本，我总要把自己加到内容里去，好像故事发生在我身边，而我就是那位主人公。

书是人类进步的阶梯，我们要多看书，爱惜书，将来才能做个栋梁之材。

第四课的思考题

关于家庭文化教育您做了哪些？请写出家庭文化的重要性。

第五课

认　　知

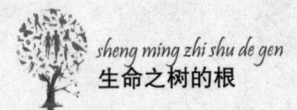

第五课 认 知

每个孩子都是这个世上独一无二的杰作,都是上天恩赐给父母最好的礼物,是父母生命的延续,是家里甜蜜的"小负担"。孩子还可能是未来国家的栋梁之才,哪怕长大了只是社会上普通的一员,父母也同样希望他能发光发热,为社会做贡献,希望他平安幸福,更希望他忠孝友悌。因此,我们每一个做父母的有了孩子就要对他负责任,给他做榜样。

谈到家庭教育,我从不赞成采取坐下来说教的方式。因为说教很单调、枯燥乏味,而且大部分孩子也不愿意接受。必须要说教才能解决的,要选时机和时间。什么时候最合适呢?晚上睡觉前讲故事,或早上起床穿衣时,要针对你想说的事编故事给他听,把你想要讲的事通过故事潜移默化地说给他。因为这个时候孩子的注意力比较聚中,听进去的可能性大。

再就是孩子几个月的时候,认知过程适合,要和颜悦色地反复说教。千万不要以为孩子小他什么也不懂而忽视、错

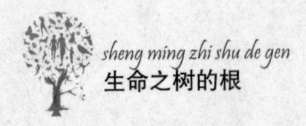

过了早期的认知教育。举个例子：我儿子在四个月时，有一天天气变化温差很大，晚上当我给他多盖些被子时，他用眼睛直直地看着我，面带愁云苦涩，像是要给我说："我很不舒服，妈妈别盖了。"（直到现在我还能想起来孩子当时的表情和眼神）我急忙靠近看看他，脸红红的，摸摸有些热，赶快拿体温计量量，三十八度多，我立刻把多盖的被子去掉，然后给他服了退热药、感冒药。等了许久烧退了，孩子也睡着了，我才悄悄地给他多盖了些被子。过后我反复回忆当时孩子看我的样子，深深地明白他懂事了，他已经会用意识传话。

从那以后，只要是关于他的事，我都会跟他商量。比如说早上起床穿衣服，我会拿着小衣服问："阳阳，你想穿衣服起床呢？还是想再睡一会呢？"天天如此重复地问，他知道你在说什么，他已经认识他的衣服了，他会用动作和表情来回答你。比方他立刻把两只小手伸向小衣服，就是要穿衣服起床了。或把头扭向里边也不看我，就是不想起床还想再睡会。想抱他出去玩时也跟他商量，说："阳阳，你想出去玩？还是在家玩玩具？"问他时指指外面，或家里地上的玩具。他同样会把身子扭向外面，或用小手往下面指指，他有时候也想想再选择。

我记得孩子两三岁的时候，每次跟我在超市买东西，都跑来跑去拿着自己喜欢的东西来问我："妈妈，我买这个行吗？"售货员总是笑着说："你家孩子真懂事，相中的东西都

要和你商量了再买。大多数孩子拿起来想要的东西，如果家长不让买就哭闹。"这就是孩子从小凡是关于他的事都与他商量的原因，他长大了有事也跟妈妈商量，从来不别扭着来，谁也不强求谁，以温情感化人，以理服人。

孩子的认知过程是奠定今后说话处事的基础。孩子在朦朦胧胧中获取着周围一切的印象，先入为主。这个时期非常重要。几个月开始就给他讲周围接触到的一切，比如喝水时和他说"这是杯子，杯子里面是水"，或"这是勺子，用来给阳阳喝水或是用来给阳阳吃饭"。说的时候一定要小声小气、和颜悦色，更要注意孩子的情绪以及注意力，有没有与你互动。这个时候的孩子你和他说话他高兴，听你说从来不嫌烦。而你反反复复，日复一日地这样讲给他，他早都记住了，等他的语言功能发育完整时，很流利地会说周围的一切，因为他早已好熟好熟的了。

在孩子很小的时候，大人别嫌麻烦，多说多教、多唱多跳，会促使你的孩子长得活泼聪明。我记得在一本刊物里，看到过这样一篇文章，题目是"孩子需要疯妈妈"。说姐妹俩，姐姐内向文静少言寡语，妹妹活泼张扬爱说爱笑，姐姐带出来的孩子有些死板，妹妹带出来的孩子天真活泼。姐姐就写了这篇文章，意思是说：当妈妈的和孩子在一起时，一定要活泼快乐，多说多做、多唱多跳，带出来的孩子知道的事多，也精神。

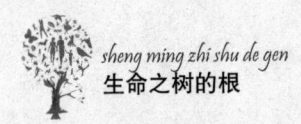

由此可见，有时候说教的效果也会很好。当然不能动不动就训孩子，更不能轻易地打骂或强压。教育是一门艺术，要在传情的基础上传教。更多的时候教育深藏在生活、学习、玩耍的点点滴滴里，需要父母们发现时机、抓住时机，潜移默化，用之于心、动之以情，在互动的基础上达到教育的目的。

第五课的思考题

请写出来您对认知过程中的看法，并总结出这一课的中心思想。

第六课

天然的因材施教

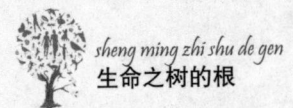

第六课
天然的因材施教

怎样做好孩子的早期家庭教育，使生命之树的根扎得更深，未来的枝叶更茂盛呢？

教育没有固定不变的格式。重要的有两大方面，一是家长自己希望孩子成为什么样的人，父母一定要先要求自己本着什么样做，因为这个小生命将要在由你们创造的家庭环境里，言传身教、耳闻目染中成长。二是需要父母拥有一双智慧的眼睛，细心观察，发现您的孩子与生俱来的先天优势。先天优势，也叫"天赋"，是他自己与众不同的独特的智慧和个性。然后充分地做到因人而异、因材施教。父母是伟大的，父母的职责也是神圣的，肩负着养育生命、培养成才的责任，要用自己的智慧帮助和成就孩子的智慧。

孔子曰"人之初，性本善"，是讲婴儿的思想是张白纸，图什么颜色成什么画。但与生俱来的性格并非一样的，就像每个人的生辰八字不同一样。其性格有他自己先天的造化，也有父母及祖辈的遗传基因。孩子先天的性格从几个月就显

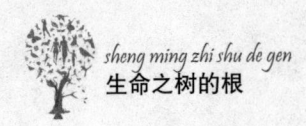

露出来了。举个例子：我本人很喜欢孩子，出门碰到小孩子总要逗逗他。有一次，在公交车上，站在我身旁的一个年轻妈妈抱着个小男孩，大约六七个月的样子。我首先冲他笑笑然后做了个鬼脸逗他，他看见我关注他，目光和目光相碰时，表情很腼腆，很不好意思地把头藏到他妈妈的肩膀上不看我。我故意也把头扭过去，再次逗他，他急忙又把头转到另一个肩膀上去，仍然不好意思看我。通过这个反反复复的动作，我知道这个孩子是内向腼腆胆子小的性格。一般这样的孩子我们父母要注意给他一个相对宽松些的成长环境，有意识地鼓励开发他的胆量与智商。不适合管得太严厉，更不能吵骂打等，用现在的教育理念，与他像朋友一样相处，鼓励他勇敢地多参加些场合，多出门和更多的小朋友玩儿，主动锻炼开发他更多的潜力。这样的孩子传统教育少用，方方格格的规矩少给，不然容易把孩子教死板了，因为这样的孩子他本身的天性就很规矩。

我再举个例子，也是在公交车上，我站在公交车的门口，人很多很挤。到了站牌上来一个年轻妈妈带着个男孩，她是把男孩放在推车里搬上来的，小家伙在推车里坐着，手里拿着橘子瓣吸水，年龄看上去八九个月的样子，胖胖乎乎的很健康。他坐在推车里很矮，只能仰起头来看到大人的脸，小家伙很好奇，仰着头小眼睛转了一圈，目光停留在我这里。因为我正在逗他，我把手伸出来向他要橘子瓣。他看了我一会,把拿橘子瓣的小手举起来,像是要给我的样子,我赶快用手接,刚想说这个孩子真大方,可当他拿着橘子瓣的小手放到我伸出去的大手时,不但没给我橘子瓣,反而用小拳头打了我一下,然后把小手缩回去自己继续吸橘子瓣的水,同样仰着头看着我,意思好像是在说:"你想要我就不给你。"我指着他笑着说:"你个小坏蛋,不给我就不给我呗,还装着给我,再顺便打我一下,这孩子的心眼太多了。"他感觉不是好话,于是就用小脚抬起来踢我。我说:"你怎么这么坏啊。"他妈妈在旁边笑得合不拢嘴。这样的孩子属于活泼、张扬的性格,外向而且胆子大。父母需要特别注意,从小严加管教,把他善和德的根扎深些,长大才会少走弯路,教育方式也适合多些传统教育。孔子曰:"莫以善小而不为,莫以恶小而为之。"这样的孩子从小好坏心眼挺多,父母容易盲目地高兴。这方面千万要有个度,不然会下意识地助长了他从小行为上的不规,长大难改。因为他还太小难分辨好坏对错,如果你在他坏时发笑,觉得好玩,他就会坏上加坏。如果这样,你高兴吗?

所以做父母的一定要以事论事,及时地说教给他,并注重教育的方式方法。怎样能让他接受改正就是最好的方法,不一定非得是从书里边学来的。往往是这样调皮的小孩,从小教育好长大能成大器。为什么呢?有句话说,"魔高一尺,道高一丈"。有道德的人,他的慧根很深,用古人的话说:"所

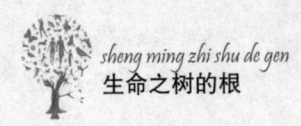

谓善人，人皆敬之，天道佑之，福禄随之，众邪远之，神灵为之，所作必成，神仙可翼。"魔只能靠自身的能量，借助不了天地自然的帮助，因此道永远高于魔。如果孩子自小也就是先天的心眼挺多，大人的教育方法得当，把善与德的根扎得很深，那他的自身能量和外在能量都占全了，能不聪明吗？

古语说，"从小看大，三岁知老。"上面就是两个孩子明显的例子，婴儿表现出来的两种反向不同的性格，我们做父母的一定要细心观察，发现孩子先天的个性和智慧，再选择适合他的教育方式，这就是天然的因材施教。

第六课的思考题

您用慧眼观察自己的孩子性格了吗？是内向、腼腆、胆小的性格，还是外向、张扬、活波的性格？针对孩子天然的性情，您采取了哪些教育方法？

第七课

因机施教

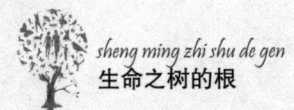

第七课 因机施教

现代家庭里,有些父母非常重视婴儿的家教,书柜里会堆满现代化教育的书籍,还学习一些专家讲座等。但不管是专家讲的还是书里看的,都能用到实际的家教中来对号入座吗?有没有起到很好的效果,这一点是最重要的。据说释迦摩尼佛教学四十九年,没有用过教科书,为什么呢?因为教育它是活的,不是死的,不管从哪学到的都得结合自己家孩子的实际情况,怎样把教育变成自己的东西,能使用得上能消化得掉,这样才能起到良好的效果。

家教通常都培养孩子尊敬老人、长幼有序、热爱劳动等,但有些知识你说给他再多遍都不如事情发生在他身边时及时地抓住时机传教,让他在经历中懂得利害,他会记得很牢。我们大人也是一样,看多少书里的故事、电视剧都没有自己经历了印象深刻。所以,我们做父母的一定要注意因机施教,小事里面往往有大道理。

我来举个例子,我儿子一岁半左右时,长这么大就骂过

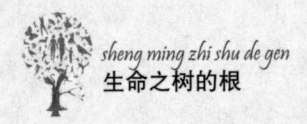

他爸爸那么一次。一天我在厨房做饭炒菜,儿子和他爸爸在厨房的小桌旁等着吃饭,我炒好了一盘土豆丝放在小桌子上,又去炒其他的菜。凉了一会儿,儿子用小手捏了一根土豆丝放嘴里了,他非常喜欢吃土豆丝,有些等不及了。他爸爸立刻看着他,把脸色沉了下来,很严厉的样子重重地"嗯"了一声,意思是凶他。他看着爸爸严厉的面孔,挺紧张的,想活跃下气氛,就把头向左歪一下,看着他爸爸的脸色好声好气地喊了声"爸爸",我老公没反应继续板着脸;他又把头向右歪了一下,好声好气地喊了声"爸爸",意思是想继续讨好他爸爸,我老公仍然板着面孔不说话。孩子急了,小脚一跺,"妈个比。"意思是说,你不就是不原谅我,想让我着急吗?我就替你说了吧!我老公噗嗤一下嘿嘿笑起来了。过后我批评老公说:"你觉得这像个笑话吗?反射给孩子的是什么?他会觉得我好心好意讨好你,你不说话继续板着脸;我骂你,你笑了。好,我下次还骂你。"千万不要因小事忽略了教育的机会,反而借机助长了孩子的坏习惯。所有的事情都是积少成多的。这件事本应该是这样的:当孩子扭头叫爸爸时及时地把气氛缓和过来,好声相教:"不能用小手拿菜,孩子。一来小手不卫生有细菌,吃到肚子里会长虫子;二来呢,让人看到也不礼貌。要用筷子或勺子,下不为例。"孩子会很高兴地接受,也达到了教育的目的。

第七课
因机施教

教育一定要随时随地，恰如其分，在没有冲突中和谐互动中见成效。有的时候甚至让他感觉你是在和他一起学习一起进步！

还有一次在他奶奶家，农村蒸馒头用大铁锅，吃饭时用碗盛锅里的水喝，一大碗一大碗的蒸馒头水在吊扇下面的桌子上吹着凉。孩子吃得干了，弯腰低头到碗边深深地喝了一大口水，然后对我说："奶奶家的水上面凉下面热。"一大碗水放在吊扇下面吹，肯定先凉上面的，孩子一口喝深了碗底下的水可能还有些热。他爷爷高兴地说："这孩子才一岁半就知道上面凉底下热。"孩子的姑姑逗他说："让我尝尝。"喝了一口说："不对，我喝着上面热底下凉呢。"他把小脚一跺吼道："你放大屁。"我立刻批评他说"不能给姑姑说粗话"，他指着姑姑说"她骗我"。我说："姑姑在逗你玩，给你开玩笑！"一家人都乐开了花，他爷爷多少年还在提，孙子不到两岁就知道碗里的水上面凉下面热。我也借此机会给孩子说，"给长辈说话要礼貌，姑姑给你开玩笑你也动动脑子给她开玩笑！但绝不能说粗话，更不能骂人。"

男孩子都比较淘气，跟着爸爸和一些叔叔学会了一些口头禅，随时随地地纠正他，给他做好榜样，言传身教中自然很快就改过来了。从那以后我非常注意带他出去玩儿的人，对孩子的成长来说，环境是非常重要的。

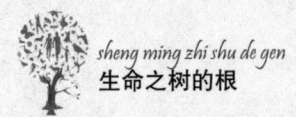

第七课的思考题

如果您注重对孩子的教育效果，就一定要做到因机施教。请写出您自己在这方面的经历、感触。

第八课

注重方法

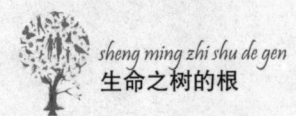

第八课
注重方法

前面几课我们讲了教育是活的，不是死的，没有固定不变的格式。这不但体现在事情的婉转变化上，而更重要的是体现在方法上。面对孩子的不良习惯或犯错时，您会用什么办法教育呢？有位教育学家说得很好——"教孩子啥是真理，不如让孩子自己发现真理。"

我孩子在三岁左右时，有一段时间吃饭挑食，早上做好饭了，他看看说我不吃这个，我想去喝豆腐脑。然后我把锅盖上带他去喝豆腐脑。又一次我做好饭了，叫他吃饭，他来看看说我不吃这个，我要去买方便面。我盖上锅盖跟他去买方便面。去的路上我问他，妈妈做好饭了，小孩不吃去喝豆腐脑，妈妈又做好饭了，小孩不吃要去买方便面，你说小孩总是这样是不是有点太过分了？他想了想说："嗯，有点。"我说小孩要是老是这样，妈妈该怎么办呢？他又想了一会，说："小孩知道过分了就改着点。"我说小孩如果改不了了呢？妈妈应该怎么办？他说改不了就给个小小的惩罚。我说这可

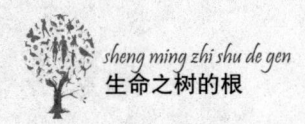

是你说的，你给妈妈想的办法，如果再遇到这种情况妈妈惩罚你，你不能感到委屈，因为是你让妈妈这么做的。从那以后，每次吃饭时，他刚想说"我不吃"，说一半自己就不说了。

男孩子特淘，总是不断地毁坏东西，有时候是故意的，有时候是无意的。大人觉得东西坏了挺可惜的，他却玩的都忙不过来，一点儿不心疼。一天，我和老公出去买菜，他自己在家看动画片。我们回来进门一看，坐在沙发上看动画片还稳不住他，手里拿着个水果刀把沙发扶手给挖了个洞。他爸爸正想火冒三丈着急，看看我忍了没吱声。我做好饭，吃饭的时候，我说："阳阳，你大爷家的哥哥结婚的时候，咱参加婚礼时我看你可高兴了。"他说："嫂子的新房很漂亮，带来很多新家具。"农村娶媳妇都是女方带家具来做嫁妆。我继续说："你长大了也会像哥哥一样娶媳妇，也带很多新家具放屋里，到时候我和你爸爸拿水果刀给新沙发挖几个洞。"他立马很生气地说："不行，你们都给挖坏了。"我说："你怎么能把咱家的沙发挖坏了呢？"他急忙放下手里的馒头和筷子，跑到沙发那看了看，说道："对不起，妈妈！我看着电视手不愿意闲着，不小心就挖了，我以后再也不挖了。"当孩子做坏事的时候，把同样的事情放他身上，他会改得很快很彻底。

总之，大人教孩子一定要有耐心，注重方法是否得当、管用了。在孩子幼小的心灵里边，让他深深地知道哪些事情能做、哪些事情不能做，有是非观念、利害常识。不是有事没事时叫过来灌输表面上的知识,而是从小就注重在经历中纠正他,事事扎根,在成长中增强孩子的辨别能力。

第八课的思考题

读完这一课您想想,当孩子犯错时您是怎样对待的?方法得当吗?效果如何?

请注意试试这句话:当孩子做坏事的时候,把同样的事情放他身上,他会改得很快很彻底。

第九课

杜绝简单粗暴

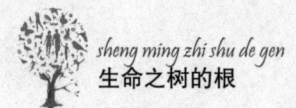

第九课
杜绝简单粗暴

什么样的方法能让孩子接受快,变得好,而且永不再犯,这样的教育就是最成功的方法。要多一分耐心和爱心,多动动脑子想办法。很多时候不是孩子错了,而是大人错了。

陪孩子一路走过来,在家庭教育方面,我写过很多自己的感受,而且也常用自己的经验,走到哪儿影响到哪儿!

有一天,给我开车的司机抱怨说:"现在这孩子太难管了,打不是骂不是,不管还不行。"我说:"你举个例子说,为什么要打孩子呢?"他说:"我下班时买了一盒湿巾回家放在茶几上,一会儿没看见,我儿子抽出来一堆。我立马制止他说别抽了,他看着我说偏抽,气得我上去打他一巴掌,他一边哭去了,我妈从厨房出来就打我。你说这一家子三代在一起真没办法,孩子现在都三岁了,以后长成什么样?"我说:"你就不能坐下来,跟孩子好好说吗?"他说:"我上一天班累得够呛,哪有精力跟他好好说呀!"我毫不客气地说他:"你是个开车司机,你打算让你儿子长大做什么?也许你就是在简

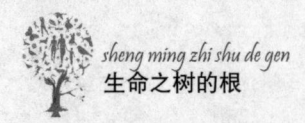

单粗暴的环境里长大的,你再给你儿子创造一个简单粗暴的成长环境,你们家辈辈都是简单粗暴,你就没想过改变这一切吗?"他说:"怎么改呀?""从你做起。"我说,"这点小事你就把家里搞得鸡犬不宁,孩子有可能还不知道是错了呢!换一种教育方式,不但孩子能变好,家里也没有战争。"他说:"用什么方式呢?"我说:"当你看见孩子把湿巾抽出来时,坐下来告诉他:'孩子,爸爸买来这个湿巾是用来让你擦手的,小手脏了的时候,不需要洗时擦擦就行,你都把它抽出来晾干了,就没法用了,爸爸的钱也白花了。如果不浪费省下来的钱,用来给你买好东西吃多好啊!'你试试你儿子会怎么做。"

又过了几天,这个司机给我说:"您说的方法真管用啊!我们一家人吃了晚饭在客厅看电视,我儿子闲着没事把所有屋里的灯都打开了,包括卫生间、厨房的。我说你给我把灯关了去,他说我偏不关。我刚想又上去一巴掌,想起来你说的话了,忍了忍对他说:'儿子你把灯都开着,爸爸得交很多电费。小孩子从小要懂得节约,不能浪费电,你关上灯省下来电费钱,爸爸下班时给你买好东西吃不好吗?'他想了一会,就去把所有的灯都关了。而且从那天开始每到晚饭后看电视时,他都检查哪个房间灯还亮着,赶快跑过去关了,还说你们别浪费电啊!省下来钱我爸爸还给买好东西吃呢!"我说:"这样的情况下,你要真给他买好吃的,加以表扬和鼓励,

第九课
杜绝简单粗暴

养成俭省节约的好习惯。"

好孩子是大人教出来的，千万不要忽视了早期的家庭教育，并注重方式方法。我认为，家庭教育没有很深的学问，只要你细心观察、耐心对待，用心用情地跟孩子沟通，相互很融洽地把事情往好的方面发展。

还有一次，礼拜天我去美容院做头疗，经常给我做按摩的这个工作人员，也是个三四岁男孩的母亲。她一边给我做头疗，一边给我说："早上因为孩子我跟老公吵了一架，大人一闹孩子也哭，家里人仰马翻的。"我问她："咋了？"她说："早上我带孩子去楼下买菜，回来后正在洗脸刷牙，孩子拿着个小西红柿跑过来，问妈妈这个能吃吗？我着急地说不能吃，孩子也着急地把小脚一跺说能吃。我对孩子说，'我说不能吃，你非说能吃，那你还问我干什么呀？'孩子就哭着打我。我老公过来吵，一家人吵成一锅粥。"我说："我觉得这件事是你做的不对。"她不服气地在那里发火。我说："你想想，孩子想吃小西红柿，但他没吃跑去问你，孩子做的很对。想吃是欲望，没吃跑去问妈妈，这是理性。你应该帮孩子用理性战胜欲望，应该说孩子妈妈没来得及洗小西红柿，上面不卫生有细菌，等会儿妈妈洗了你再吃。或是说早上没吃饭呢，水果凉，等吃了饭再吃。把你不让吃的理由温和地讲给他，只要他听懂是为他好，很少有孩子明知道不好也非去做的。"

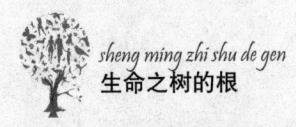

有很多很多的例子，都不是孩子不好，不是孩子的错。我经常听到身边有些爸爸妈妈抱怨说，现在的孩子太难管了。其实很多方面都是大人的错。小孩子在不懂好坏对错的时候，生长在大人给他营造的环境里，什么都是父母和周围人教的，主要是父母一定要在孩子幼小的心灵里树立好形象，让孩子觉得父母可信可敬，自己有靠山，能通过问父母来解决对这个迷茫世界的认识。变相地说，父母是孩子眼睛外的眼睛，耳朵外的耳朵，心灵和思想上的营养品，孩子的生命是你们给的，未来的形象是你们塑造的。所以我呼吁天下所有的父母们，一定要加强学习，更好地胜任这个神圣的职责，不要简单粗暴地对待孩子。

第九课的思考题

千万不要把聪明的孩子教傻了，这往往是我们大部分父母的坏习惯。请结合自己平时对孩子的态度，写出这一课的突出思想。

第十课

教育是一门艺术

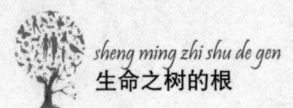

第十课
教育是一门艺术

生命之树的根从胎教扎起。从出生到上小学之前这个阶段，是性格形成、良好习惯养成，小树的根扎牢的一个阶段。这个阶段的教育做好了，对孩子、大人终生有益，我建议当爸爸妈妈的，哪怕在这个时间段少点事业上的求索，多些时间精力培养孩子。

做人的基础打牢了，善和德的根扎深了，有了爱劳动、爱学习的优良品质，就会有智慧判断是非好坏，并且能有一个很大气的价值观，知道人真正的幸福，不是得到多少，而是付出奉献了多少，因为人精神上的快乐远远超出物质上的满足。如果这个阶段的家教环环相扣，步步跟上，孩子上学后会很省心，因为他的自主能力已经很强了。

家庭教育总体来讲是非常复杂的一个过程。教育的成功与否决定孩子的发展。首先教与学的双方，要具备几个方面的条件。比方我们称教方为"甲方"，甲方的条件首先要"正己"才能"化人"；二是教育内容知识要积极向上；三是教法要达

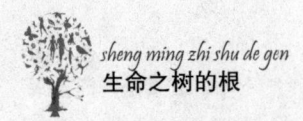

到让孩子轻松愉快地接受消化，变成他自己的东西。教育和帮助人是外因，外因要通过内因才能起作用，比方我们称受教育的一方为乙方。乙方具备的条件首先是尊敬和信任甲方；二是有强烈的求知欲；三是觉得学习是件非常快乐的事情。教育的双方都具备了这些方面的条件，教育没有不成功的。

家庭教育，家长首先要给孩子在方方面面做好榜样，让他觉得你可敬、可信、可靠，非常愿意听你的话，愿意向你学习。其次要开发孩子的智商，刺激他对学习的求知欲。这两个前提达到了，孩子自然就觉得学习是件非常愉快的事。你的家庭教育也离成功不远了。

我们做家长的都想把孩子教育好，这是所有家长一致的思想，没有第二个目的。但是要多动脑子、多学习啊！不然期望与现实相差甚远。我举个例子：我儿子三岁半的时候，在一次全县幼儿园的讲故事比赛时获奖。有一天，同学一家三口来家里做客，他们两口子是开店做生意的，他们女儿比我儿子小半岁。两个孩子到一起很快就打成一片，玩得很开心，儿子断断续续地把他所有的宝贝都拿出来一起玩，当他把平时喜欢的一本唐诗拿出来给小妹妹背诵时，惊动了同学两口子。一本唐诗一共180首，儿子正背倒背如流；而且和小妹妹分积木时，几十以内的加减他张口就来，算得很清楚。同学两口子一个劲地说，我们回去得用心教孩子，你看才小半岁咱女儿还什么都不会呢！我顺便说了句"那是你们没教，教了就会了，你女儿很聪明"。又过了些天同学打电话来说："那天从你们家回来，我老公就买了笔和本子，每天和孩子一起坐在小地桌子旁，很用心地教她算术题、背诵唐诗等。可是今天教一遍明天教一遍，再问女儿还是不会，我老公很生气把女儿关在做仓库的小屋里惩罚。我很心疼，不但女儿没学会知识，反而都没法快乐地玩了。"我说："冰冻三尺，非一日之寒。你老公这样教不如不教的好，非但没让孩子学会知识，而且留下阴影会让孩子感觉学习是件很痛苦的事情，以后都不愿上学了。厌学，逆反是怎么来的？"我们从来没有这样坐下来学过，也没有买过学习的本子和笔。

  我孩子说话比较早，一岁半左右基本的话都会说了，我们在屋里墙壁上挂个小黑板，今天在黑板上写个"人"字，交给他这个字念什么，然后出来进去地玩，想起来就问他，但每次问他都知道，就不断换生字。一个字挂上两三天如果每次问都认识，就再换一个字认，如果不愿意学从不强求。就这样，上幼儿园的时候他就认几百个字了。刚上小学时用自行车带着他，他在自行车后坐上边走边念路边的门店牌子上的字，很多时候都能念下来什么店卖什么的。二年级的时候他就完全能自己阅读了，县城里每家书屋的书卡他都有，星期天就钻书屋不出来。学算数字也没有当个事地教过，比方我坐在沙发上织毛衣，他在茶几上搭积木，我会偶尔有意无意地问："阳阳，积木有几个红色的？妈妈看不清。"他会说，"我帮你数数啊！是六个。""噢!那是几个绿色的?妈妈也看不清楚。""我帮你数数。"然后再问:"红色的加绿色的一共多少个啊?"他很认真地数好告诉我。我会夸句"儿子真聪明"。我们一起买菜回来放厨房里,过一会我不经意地问一句:"阳阳,妈妈刚才买了几个土豆?我忘了。"他立马跑向厨房说"我去帮你数数"。一会跑回来说:"妈妈,你买了三个土豆。"过一会我又问:"妈妈买了几个辣椒?又忘了。""我去帮你数数。"记住,孩子永远最想知道妈妈不知道的事,你想教给他什么,你先要装作不知道或忘了。有意带露不露地让他教给你,刺激孩子的求知欲。

生活中随时随地有学问,分分秒秒都可以变相地学知识。我包饺子时故意放东一个西一个,他围在这玩。我问他:"妈妈包了几个饺子了?"他数数东数数西,加起来是多少,有时候也算错。别说他错了,想办法让他自己知道错了。比方说东边五个饺子,西边4个饺子,一共是多少个饺子?他算了算是8个。噢!再包好放东边4个,西边4个,问他4个加4个是几个饺子呢?他算来算去会说是8个,我刚才那个算错了。我会表扬他真聪明,知道自己算错了。因此,孩子从来不觉得无意中做错的事是丑事,或遮遮掩掩,总是主动大大方方地说我这个事做错了。大人应该给孩子空间准许孩子有错,养成自己发现自己改的习惯,不断地与跟他探讨错误的害处,经常避免就行了,还要告诉孩子在外面办了什么错事,回来告诉妈妈,妈妈也不会笑话,只会帮助解决问题。

这样孩子就和大人永远没有代沟。孩子小时候学读唐诗，总是在睡觉前，我把诗的意思用简化、浅显的方法讲故事给他，孩子懂得大体意思了，第二天起床穿衣服时，偶尔背诵几句。感兴趣的时候，我走到哪他追到哪，说妈妈再教我一首。学了的知识再提醒他用在实际中去，才算真的没白学。

陪着孩子一起成长，在快乐中学习，是一件很幸福的事情。不应该是坐下来，我教你学，学不会我很生气，吵、骂、关起来惩罚。就算聪明的孩子，大人这样的话也会给教傻了。

教育是门艺术，不要觉得我是大人，你是孩子，你没我懂得多，就得是你跟我学。这样太教条死板了，激发不起孩子的兴趣，刺激不起来他的求知欲；记住要动脑筋想办法，做成功的家长。

第十课的思考题

记住孩子永远最想知道妈妈不知道的事，你想教给他什么，你先要装作不知道或忘了，有意带露不露地让他教给你，刺激孩子的求知欲。请试试这样做的效果，并写出感受。

第十一课

练心胸·大气

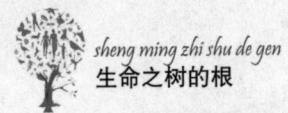

第十一课
练心胸·大气

人的心胸有多大,世界就能有多大,天道无私,常予善人。

"世上的人分三六九等",这是句老话,怎么区分呢?孩子上小学后,我跟他探讨过。从人做的事上来区分三六九等,你想做什么样的人,就去做什么样的事。比方你做的事利人利己、利国利民,也就是对自己有好处,同时对别人也有好处,甚至对社会、对国家都有好处,那么你的人生价值也提高了,你人生的路也越走越宽。如果你做的事只对自己有好处,对别人有害处,这叫损人利己,这样的人只能永远生活在他自我的小圈子里,没有大的成就,没有大的出息,因为他虽精明,但缺少智慧。再大的聪明也是小聪明,再小的智慧也是大智慧,光聪明没有智慧的人很可怜!还有一种人是这个世上最大的笨蛋,他做事害人害己,为了一些小利益,或为了达到某种欲望,或嫉妒别人、有意伤害别人等,总之,害人不利己的事他也干。

我给儿子从小讲故事就有历史人物做榜样,像学习"舜"的胸怀,"舜"自小失去母亲,父亲不明事理,跟着后娘虐待

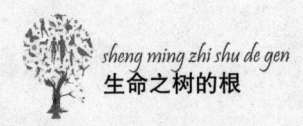

他，弟弟们也不跟他友好。在这个恶劣的环境里，"舜"仍然奉敬父母，爱护弟弟，勤劳善良，最终他的德行感动上苍，他长大了成了国家的君主。

孩子知道明白了这些道理，他的思想开阔、心胸大气，有了高尚的价值观，懂得怎样做人做事，会辨别是非曲直，我们做大人的会很省心，他不犯错甚至少犯错。

我记得儿子上小学二年级的时候，星期天早上起得很晚，外面在下雨，我也没叫他。他睡到自然醒，朦朦胧胧地问："妈妈，外面什么声音啊？"我还没说话，他爸爸去跟他闹了，"外面下雨了，快起来吧，小懒虫。"我们经常会说春雨贵如油，农民种庄稼的季节，下了雨种子好发芽。儿子起床后吃完饭，写了一篇作文，就是：

谢谢雨

哗哗哗……一阵大雨惊醒了我。我伸了伸懒腰，不解地问："怎么啦？"爸爸兴冲冲地跑过来说："下雨了，快起床吧，小懒虫。"

我来到院子里，哇！大地一片生机，我仿佛感觉到了泥土的呼吸，月季花点头笑了，小蔬菜苗在鼓掌，大树随风起舞，它们仿佛都在说，"谢谢你！雨，你给万物带来了新生。"

长大后，我要做一个像雨一样的人，做一些对人们有益的事情。

还有一次，儿子在小学二年级时，星期天带他去公园玩，跟我们一起去的还有另外两个朋友家的孩子，他们上班忙，让我们也带上他们的孩子出去玩。这两个孩子比我儿子大两三岁，到了公园几个孩子玩了大半天，最后划船两个多小时，太阳晒得都渴了才上来。我说每人每瓶水喝着咱们回家吧，天不早了。三个孩子每人买了一瓶水，儿子比较单纯，就买了瓶矿泉水，而且打开了让爸爸喝点、妈妈喝点，一会儿就喝完了。那两个大点的孩子买的可口可乐，在回来的路上一点点地品。我儿子看见有点馋，说哥哥让我喝一口行吗？两个大孩子都不懂事，谁也不给喝。我儿子当时挺可怜的，可路上也没卖的了，他爸爸挺生气。回到家吃晚饭的时候，他爸爸在饭桌上抱怨，说："这两个孩子太不懂事，还是我给他们买的水，都不说给阳阳喝，路边要是有卖的，我多买几瓶给阳阳，也不让他们喝。气死我了！"我没预料到儿子看看他爸爸说："爸爸，他们这样做，你说他们不好，那你也这么做，不是在学他们不好吗？"我立马把手里的筷子和馒头放下，给孩子鼓掌，并鼓励他说："儿子真懂事，你的智慧超过了你爸爸。"

时间过了两年，学校老师让写作文，自选题目，孩子写了这件事：

自私不能学

炎热的夏天，太阳火辣辣的，把人晒得汗流浃背，头晕

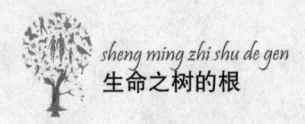

脑涨。这个时候什么最珍贵？当然是水了。

前年暑假的一天，我和两个朋友一起去马颊河公园玩，我们划了一下午的船，又累又渴，我买了一瓶矿泉水，边喝边走在回家的路上。当我把喝剩下的水给爸爸妈妈喝了时，我发现那两个朋友买的是可口可乐，瓶子里还剩下许多，我有些眼馋了，就问李波："让我喝一口行吗？""不行。"我又问郭宇："让我喝一口行吗？""不行。"我只能眼巴巴地看着他们一口一口地品尝。

回到家，吃晚饭时，爸爸说："唉！真气死我了。要是回家的路上再碰上卖可口可乐的，我就多给阳阳买几瓶，也不给他们喝。"我对爸爸说："他们那样做，你说不好，如果我们再跟他们学，那不是也学不好了吗？"这时，正在吃饭的妈妈放下馒头、筷子，给我鼓掌，夸我懂事了。

两年多过去了，这件事和妈妈的掌声还深深留在我的记忆里，时时提醒我明白一个道理——自私不能学。

第十一课的思考题

读完这一课我想问大家一个问题，您怎样认识"吃亏是福"这句话？请写出来，不妨探讨一下。

第十二课

诚实是阳光

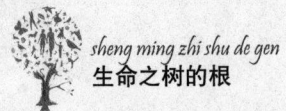

第十二课
诚实是阳光

美国总统林肯先生说过："你可以在某种时间内欺骗某种人，你也可以在所有的时间里欺骗某种人，但你永远无法在所有的时间内欺骗所有的人。"

谎言误人误己，一句谎言有时候要用十句百句包不住，因此常常会为遮盖小错而触犯大错。可遮盖住就不存在了吗？不但存在而且害处比不遮盖更大，到头来吃苦的是自己。自古以来的教育都会把教人诚实列为榜首。佛法里说，放去妄想贪求的执着心，恢复真我本性，才能有大智慧。《道德经》里有"五色令人目盲，五音令人耳聋，五味令人口爽"，意思就是说，不管是看见的、听见的、吃到的，只要虚荣得太多了，就会失去了他的本质，去追求一些外在的东西会让人很迷茫。《弟子规》里也有"非圣书，屏无视，蔽聪明，坏心志"。

我们平时出去游玩时，会不断碰上有寺院的地方，进去拜一拜，上柱香，看看神灵的排位上经常写着"某某真人"。我有时候给孩子说，神仙并不是那么高不可攀的，他们都是

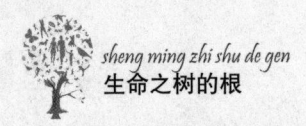

实实在在存在过的、有功德有道德的圣贤古人,如果我们诚实善良,利用我们的智慧真正的为社会为国家做贡献,将来有一天你也可能会成为真人、圣贤之人。

　　从胎教到小学之前,这段时间的家教阶段里,教育和锻炼孩子诚实,是必修的一门重点课,要让孩子真正地懂得其中的利弊有多大。大约是儿子在上小学三四年级的时候,假期里做作业,我出去时两张AB卷他刚开始做,不一会我买菜回来,他已做完卷子在看电视。他做卷子的速度我心里有数,AB卷的后面有答案,难道他抄答案了?我儿子不是这样的孩子!我轻描淡写地问了句:"儿子你写卷子这么快,没抄答案吧?"他边看电视边说:"没有。"我心里开始不踏实了,做卷子事小,不做或做错了,大不了知识没学好。可撒谎是行为上的事,自欺欺人,误人误己。没有证据不能说不相信孩子的话,我开始打比方,旁敲侧击,编故事说你爸爸因为小时候学习懒,作业抄别人的自己不做,后来在部队考不上军校,后悔得都哭了,没有文化多可怕,想有好的前途没有文化基础争取不来等等。终于过了两天他对我说:"妈妈我错了,那天的卷子我重做,为了着急看动画片我抄答案了。"我说:"哦!好孩子知道错马上改就是好样的。"这是他第一次有意地犯错,有意地撒谎。为了记住这个教训不再犯类似错误,儿子写了篇文章,题目是:"诚实是阳光"。我选出来装订在了他的作文选里。

诚实是阳光

诚实是阳光,照亮自己,也照亮别人;虚假是黑暗,前进的路上,遮住了你,也挡住了我。

记得暑假的一天,我在做AB卷,心想:这样做实在太慢,动画片开始了也做不完,不如抄答案吧,反正妈妈也没在家。说干就干,我连忙翻出答案抄起来。妈妈回来时,我早做完了。妈妈见我做这么快,有些怀疑,问我:"你抄答案了吗?""没有!"我很坚定地回答。

后来,妈妈讲了抄答案的害处,图一时痛快,会毁了自己的学业。听完,我也没向妈妈认错,可是虚假摆脱不了诚实的攻击,我心里像结了个疙瘩。终于,在诚实的鼓励下,我向妈妈认了错,并保证以后再也不抄答案了。妈妈表扬了我,我心里美滋滋的。

虚假就像一条绳子,会捆住你的心灵,可只要你诚实,你去挣扎,它就会像纸条一样脆弱。

第十二课的思考题

当我们要求孩子该拥有什么思想时,不妨回忆、检查一下我们自己的过往,自己是否做到了。

第十三课

讲情义

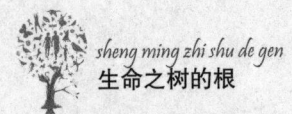

第十三课
讲情义

金钱有价,情义无价,世上再贵重的东西都有价,但情义无价、信任无价。孩子自小扎根的这个培养阶段里,讲情义这个方面的教育也是极其重要的。

山中石多真玉少,世上人稠知音稀,茫茫人海之中得一知己是件多么幸福的事情啊!我儿子上幼儿园大班时,有个很要好的小朋友,两个小孩很合得来,一有时间就往一块跑。可是上小学时不在一个学校分开了,儿子还是经常想念这个小朋友,但没给我说过。过去了两年的样子,有一次我帮他收拾书桌,不小心把他的日记本碰地上了。我急忙弯腰拾起来,日记本敞开着,漏出来一页这样的日记:"管德玉,我想对你说,我们分开已有两年多了,你记得我吗?在朋友的位置上,你是最高尚的,最可信的。记得有一次,我不小心把你的水弄洒了,你一声也不怪我。我还以为你生气不理我了呢。可下课以后你该怎么和我玩就怎么和我玩,还没有一丝的不情愿。对了,你还看《数码宝贝》吗?告诉你个好消息,

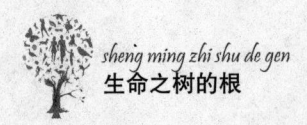

《数码宝贝》已经推出第三部画板了！不过好像只能在电脑上看到。我已经不看《数码宝贝》了，我又看了一部新的动画片——《圣斗士星矢》。我相信你也看了，因为我们是最好的朋友呀！管德玉，我知道你在一实小三年级的某个班，可是我怎么也找不到你，真希望能早日见到你呀！"

我看完后掉眼泪了，他们还都是七八岁的孩子呀！两年多的时间了，换了新学校，又接触多少新同学新朋友，又接触了多少新事物，往日里的朋友还历历在目，不容易啊！我立刻打听管德玉的家长，要到了他妈妈的电话号，联系上他妈妈说明情况，才听他妈妈说管德玉也经常提到我儿子。孩子上幼儿园大班的时候，开家长会时认识了管德玉的妈妈，他妈妈对我儿子的印象非常好，我儿子从小上学都很优秀，上幼儿园大班时还给发过奖学金呢，就这样我们定好了星期天晚上让孩子们在一个小广场见面。

儿子放学回家我告诉他，星期天晚上我带给你一个惊喜，现在别问。儿子万万没有想到，星期天晚上在小广场和管德玉见面了。两个孩子见了面都不知道说什么好了，毕竟两年多时间了，他们一共才来这个世上几年啊，两个小孩你看看我、我看看你，想笑想说，又不知道说什么好，生中有熟，熟中又感到生，尴尬了一会以飞快的速度跑起来，你追我、我追你，在小广场的台阶上爬上爬下，不一会两个人稳下来坐在台阶上说个没完，可能在道分别之苦吧！很晚了，我们两个家长就在那里等，最后还是我硬说着太晚了回家吧。

这件事儿子可感谢我了，他觉得妈妈是这个世上最值得依赖的人，他很听话也很努力向上，后来我在他的作文里发现了"久别重逢"这篇小文章。

久别重逢

今天晚上，我十分高兴。因为今天，是我和管德玉久别重逢的日子。

我们是大班的同学，最最要好的知己朋友，上小学时分开了。今天的重逢还得感谢妈妈呢，我早早地来到约好的地方——文化广场。这时，管德玉跑过来，我们可开心了，又蹦又跳，上台阶时，就学电视上的轻功往上跳，就这样一跑一跳地来到了电脑学校门口，我们爬上了台子。管德玉说起了他们小组和宇宙飞船的事，我有点不知道怎么回事，心里一直在想，管德玉的知识真丰富，可他越说越离奇，我这才明白过来，你看我多笨，把我和管得玉的沟通方式都忘了。上大班时，我们经常这样靠想象来交流的，于是我也讲起了想象来。

过了一会，我们又吃了香喷喷的羊肉串，玩了好玩的射击。今天真开心。

环境改变人，环境塑造人，孟母三迁是多么英明的选择

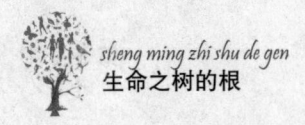

啊！儿子上四五年级时，家里的生意进入高潮，我在一亩三分地大的两个院子里，做皮毛养殖、饲料加工、养殖器械、兽药销售等好几年了，方圆几十里的养殖户都往这跑，有时候忙得顾不上吃饭，晚上忙到很晚。孩子放学回家后，有时候也帮着收收钱、卖卖东西什么的，久而久之小脑袋瓜里面有了生意经的意识。

当时学校里发生过这样一件事，课本由原来人教版换成了苏教版，老师讲课多少年了突然换课本，而且数学课本里面题很活，跟之前课本里的不一样。有一次，一道数学思考题，儿子这个年级四个班的数学老师在一起商量了一个午休的时间，没确定下来答案。他们的数学老师也是班主任，就把这道题写到黑板上让同学们讨论。我儿子十几分钟把题做了出来。老师非常高兴，在黑板的右上角写道："这道题命名'邹森问题'。"从那以后，班里的同学谁有不会的题都来问他，弄得他下课没一点玩的时间，回家吃饭时抱怨过。

有一天，我老公下班回家来说："你管好你儿子，我下班回来时路过校门口，看见他抢人家同学的钱。"我说不可能，打死他都不会办那种事。我老公更急了，说他马上回来你问问他，我亲眼看见的，人家一个同学在旁边小摊上买东西，他下来自行车把车放下，走到人家后面掐住脖子把钱抢过来了。刚说完，儿子来到院子放车子呢，还一边吃着一块挺贵的巧克力。我问他："邹森，你是从家里拿的钱买的巧克力吗?"儿子很自傲地说:"不是,我自己挣的钱。"我说:"你天天上学怎么挣的钱啊?"他说:"给同学讲题挣的,天天下了课轮流问我,弄得我一会玩的时间也没有。我给他们立好条件价格了,讲一道一般的题,收费一元;讲一道特别难的题,收费两元;挺简单的题也不动脑子跑来问,讲一道收费5毛钱。不过我也分情况的,某某同学吃早饭他妈一元钱都舍不得给他,像这种情况的困难户,我讲题不收钱;有的同学家里特别有钱,整天口袋里装着几十块钱买零食吃,还不好好学习,挺简单的题也来问我,我照样讲一道题收费两元。班里有很多同学欠我的账,今天放学的路上看见一个同学在路边买东西吃,我停下来过去把他的钱抢过来了。天天问我题,欠了好多账不还,有钱就买东西吃,这我还没给他算利息呢!"听完了我哭笑不得,能说孩子有错吗?他讲得条条是理。刚不知道说什么好呢,正赶上他姨来了,我姐听了是一个劲夸她外甥,说邹森真聪明,这么小就有经济意识,做得对,就不能白给他们讲。我的天哪,你别火上浇油了,我急忙劝住我姐。

吃完饭该上班的都走了,我留下孩子让他晚走一会儿,我们俩谈谈。我问儿子:"你还记得管德玉吗?你们从上大班到二年级,分开这么长时间,还互相想念着,多么深刻的感情啊!同学和同学之间,朋友和朋友之间,还有你爸爸的战友之间,这种人与人之间的关系,情义是无价的,钱再多也

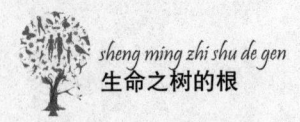

是有价的。我们能用有价的东西去换无价的吗？等你和同学们都长大各自参加工作了，同学提起来当初上小学时，邹森给讲一道题要多少钱，这还有情义可谈吗？如果你想买什么东西了，妈妈从来不小气的。如果你下课想玩一会，就告诉同学'我累了，你们想别的办法吧！'"

　　从那以后，儿子主动停息了一场讲题的"生意风波"，我也由此深深地感到，家庭吃住不能和生意场子在一起，得给孩子一个相对安静的环境。因此，我们建设成立了规模化的养殖场、饲料厂。

第十三课的思考题

　　读完这一课，我想问大家：您是怎样区分有价和无价的？请写出来。

第十四课

有担当

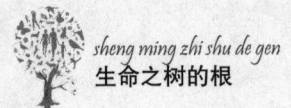

第十四课
有担当

在家庭教育上，我们还应重视的一个方面就是，逐步地慢慢锻炼孩子凡事有担当。如果他有勇气承担事，他就会主动从方方面面考虑问题。这样不但能促进他的思维，成熟他的思想，而且也会进一步完善他不卑不亢的个性。

家长和孩子在一起，不能什么事都是大人对，不能总是做强者，要适当地学会做弱者，想让他学会什么，就想办法让他试着教你什么，他肯定学得积极，会得快速。为了他能教你，为了他能在大人前面做强者，甚至做老师。当我们能做好的事时，也不妨巧妙地当个弱者，说这个事情我有可能做不好，试试你能做好吗？我相信你能做得比我好。只要我们的孩子能够成长得积极向上，有能力，有担当，有责任，我们家长多扮一些弱者有何不可呢？

当孩子有了傲气，有了错误，思想方向价值观不正确，或出现原则性的问题时，我们家长一定要做强者，帮助纠正他、教育他。

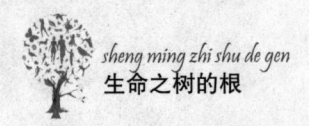

"恩威并用,严爱互济",当家长的能充分地运用好这八个字,你教育起孩子就能做到游刃有余。

锻炼孩子的自主能力和有担当重任的勇气,不但他自己的事情让他自己做,而且也尝试着让他帮大人做事,做不好我们替他收拾或补充。别怕孩子做不好事,准许他有失误,失败中收获的知识,不比成功得到的成就感差,只要你的孩子能成为一个有心的人。

我儿子上小学和初中时,我生意忙顾不上回娘家看老人,星期天就让儿子替我去看看姥爷,他会不断动脑筋想该给姥爷买什么,有一次他居然翻我的书,找心脏病患者吃什么好!记得我来济南之前,老家的企业办环评手续,得跑市环保局找领导签字,再到县环保局签字,因为我忙都是儿子办的,当时他只有十四周岁。

我还是强调家庭教育的重要环节,是从胎教到上小学前这段时间,生命之树的根扎好了,长大后很省心,都不用怎么管了。

我常常怀念陪孩子一起成长的日子。下面我把儿子四年级时写的一篇小文章给大家看看,看看孩子有担当了都想些什么。

假如我有一朵七色花

假如我有一朵七色花,我会用第一片花瓣,把沙漠变成绿洲,变成一个全身绿色的帅小伙。

我会用第二片花瓣,把所有身体不健全的人变得健康起来，让世界上再也没有轮椅、盲人镜……这些东西。

我会用第三片花瓣，把地球变大，把地球上的水、动物、珍贵药材和绿色资源扩大。这样，世界就会永远没有了特别保护区。

我会用第四片花瓣，变出一种神奇的太空服，可以在比太阳还热几千倍的地方行走，穿上它去探索太空。

我会用第五片花瓣，造出神州七号、八号、九号和一个太空站，让人们能长期生活在宇宙中。

我会用第六片花瓣，把华佗所有看过的书全都变回来，这样，一些只有华佗能治好的病都可以得到医治方法。

我会用第七片花瓣，把所有的坏人都变成好人，让穷人都富起来，这样，世界就会永远和平。

如果我真有七色花，真能做那七件事，那该多好呀！

第十四课的思考题

请思考一下，您是否大胆地把事放手给孩子做过？怎样理解"穷人的孩子早当家"这句话？我们不穷，也要锻造孩子早当家，是为了他的思想成长完善。

第十五课

学会勇敢

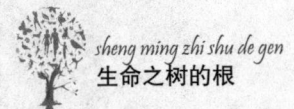

第十五课 学会勇敢

"怕"就是内心胆怯，就会离所担心的事越来越远，就会制造挫折和灾难。有个老中医说"心能生万法"，"患"者的患字就是胆小爱害怕，心就会往上窜，这个"患"字就是这样来的。

胆小的人一般都命不好，胆小的孩子也不会有大出息。我们教孩子学会勇敢，学有担当、有责任，这些都得从实际出发，锻炼出来才行。我们每个家长都很爱孩子，但千万不能宠，爱过了就是宠，爱过了就是害，会宠出一身的毛病，长大了也心焦气躁，做什么事都不会持之以恒，难以经得起风风雨雨。所以大人过分地爱与宠就是在给孩子造罪呢！就像小和尚买油一样，看得目不转睛把油都洒了。

我们大部分人教育孩子有个误区，想让孩子以后干什么，希望孩子能成为谁谁，或我怎么样怎么样，你就得怎么怎么样，教出一个第二个你。还有的人孩子一生下来，恨不得把他们的一生都设计好了。这样做是不对的，每个孩子都是这

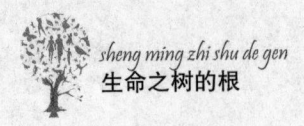

个世上的一个独立个体，我们需要做的是要他更好地成为他自己。教育就像不断给车子打气，主要还是要凡事尊重他的意愿，只要没有大的原则性错误，放养的方式并非不好。小树长歪了扶正他，适当地给些阳光和水，经历风雨之前教他学会勇敢，经历风雨以后安慰一下，或分担些压力，继续鼓励奋勇。让孩子多参与多经历多磨练，经历中纠正他、鼓励他、欣赏他、夸奖他，每次说他的缺点的时候、纠正他的时候，为了让他更好地接受，先说优点，哪哪做得挺好，不足的是什么，怎么会更好，他非常乐意接受，而且会很快把你指的不足完善了。因为孩子也追求大人眼中的完美，他们也想生活在和谐的环境里积极向上，然后受到表扬。总之要随时随地地表扬孩子，跟一切不利于自己成长、学习做事的困难做斗争。就像一首关于战胜困难的歌中唱的一样，"困难像弹簧，你弱它就强。"

在锻炼孩子勇敢方面，我觉得我做的还是挺见成效的，因为我孩子的天性里胆子不是挺大，从几个月就看出来了，每次身边有大点的声音，他都会吓得哆嗦一下。睡着时也是一样，一有突然的声响准吓着他。所以从他懂事会说话，就处处锻炼他勇敢。比如打预防针，先给他上堂课，说打预防针是不让小孩子生病，每一个小朋友都得打，打的时候咱不看它，疼一下就过去了，妈妈会陪在身边给你讲故事，转移你的注意力，尽量不让你感觉疼或疼得不太明显，坚强勇敢的孩子打针都不哭，没出息的孩子打针时才会哭呢！思想做通了他就敢去打针了。打针时努力地大声说他感兴趣的事，转移注意力。比方他喜欢车，就让他看着街上并大声地说阳阳你看来的这辆是什么车、什么颜色，后面又来了一辆真漂亮，我下次买个跟这辆车一样的玩具车送给阳阳。他一边听着你说话一边看，几乎忘了旁边大夫在打针了，多数时候打针都不哭。然后再表扬他、鼓励他，阳阳真勇敢，打针一点都没哭，看其他小朋友没出息的才哭呢！两岁多的时候，我们打完针走时，儿子还说了句话让满屋的大人都笑了，他说："多烦你们都哭的。"

睡前讲的故事，我也经常讲勇敢的历史人物，勇敢小动物的故事，也管用。一定要把故事里的知识帮他运用到实际中来，从小塑造他刚强不怕的潜质。

我儿子这方面很多时候都表现很好，小时候经常有人逗他，在他周围画个圈，"站住，出去了收拾你！"他反应可快了，立马蹲下用小手胡乱把画的圈一抹，说没有了，然后就跑了。

有一次，在姥爷家，农村屋里的门槛很高，他跑得快没反应过来一下就摔倒了，摔的可响了。他姨急忙跑过去，刚想拉他，人家早起来拍拍膝盖上的土说："没事，姨，没事。"能不疼吗，那么响，他自己忍着脸色都快变了，后来脱了衣服时发现膝盖都发青了。

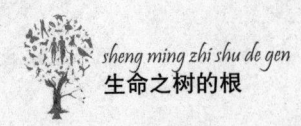

还有一次，在家属院的门外面玩，别人家大门口有一堆沙子，几个小朋友在那玩沙子，也不知道他怎么把人家门口那家的小妹妹给惹哭了。小女孩哭着回家把爸爸叫出来了，问是谁把她惹哭的，小女孩指指我儿子。他爸爸吓唬我儿子，说你在我们家门口还这么大胆，我把你用绳子捆到电线杆上你信不信。我儿子在那玩沙子连头都不抬，说你回家拿绳子去吧！后来那个人告诉我，把我笑坏了。当时，他还不到三岁的样子。后来我问他，怎么把小妹妹弄哭了？他说："我不是有意的，碰她脸上沙子了，我给她说对不起了。"意思是说，我不是故意的，我也跟你说对不起了，反正没什么大不了的事，让你爸来找我，随便吧！男孩子就得有这种雷打不动的胆识。

儿子八九岁时在眼皮里边长了个脓疱，医生说动个小手术就不留疤痕了，不动也会自然脱落，但会在眼皮外面留个疤痕。当时我心里也怦怦跳，不知道怎么好，在眼皮里动手术太危险了，再说眼皮上的神经是最敏感的，又打麻药又动刀的，别说孩子了，大人也不一定敢。我犹豫了会儿带他出了医生办公室，在走廊里我跟孩子商量，让小脓疱自然脱落呢还是动个小手术呢？我心里倾向于不做，再说咱长的也挺帅气的，眼皮上留个疤痕也没关系。儿子想了有十几分钟的样子，说做了吧。当医生把一块白布蒙在他脸上时，他一下把白布扯下来坐起来了。大夫说不是商量好了吗？他说："你得让我看见我妈妈。"我赶快过去蹲在旁边，把白布支起来一道缝，他可以用另一只眼睛看见我。我当时流着眼泪想，做妈妈的无论什么时候、什么原因都不能离开自己的孩子，千万要陪着他一起面对生命中的沟沟坎坎。同时我也明白了为什么家庭破裂的单亲孩子，大部分心理不健康，犯罪的多。下面我把孩子做完手术写的一篇小文章给大家看看。

我学会了勇敢

人生总要面临许多事情，每件事都需要勇敢。而我觉得自己是个胆小的人，连晚上自己上厕所都不敢。但最近发生了那一件事，让我改变了对自己的看法。

那天，我和妈妈一起去医院做一个小手术。我本来十分害怕，可又鼓起了勇气，心想：有什么害怕的，不就做个小小的手术吗？小时候每次生病打针，妈妈没少讲关公"刮骨疗毒"的故事，现在我也不能成为懦夫！来到医院，我们挂了号，就直奔眼科走去。

来到眼科，一位六十多岁的老爷爷出现在我面前。他详细地问了病情，将我带进一个阴森的屋子里，里面有一个仪器，医生给我用仪器照了一下眼睛，确诊后准备手术了，让我做好心理准备。躺在手术台上，有一块白布盖在我脸上，只露出一只眼睛，医生先给我做了一系列的消毒程序，然后打了麻药，做起了手术。我咬住牙，尽量放松，没哼一声。

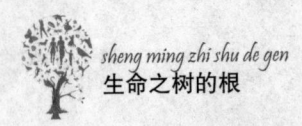

医生不住地表扬我:"你真勇敢!"

手术做完了,我走出医院。外面天气很冷很冷,可我觉得天是那么晴朗,人是那么快乐。因为,我学会了勇敢。

第十五课的思考题

每个孩子都是这个世上的一个独立个体,我们需要做的是要让他更好地成为他自己。请写出来您在锻炼孩子勇敢方面的经历。

第十六课

学以致用

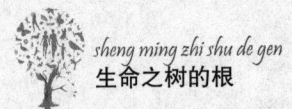
生命之树的根

第十六课 学以致用

"知识就是力量",确实没错,但只存在于大脑里的知识是没有任何价值的,只有将知识适当地、建设性地应用于实际行动中,才能实现它的价值,真正发挥它的威力。

一个孩子不管他以后能成就什么、做什么样的工作,但至少得通过从小学习知识和磨练心性,达到有充分的智慧来做资本。具备不了走正道的优良品质和坚毅不拔的精神,他永远就像一只没有舵的船。教育的核心和根本就是要让孩子学以致用。把每学到的一点知识都充分地消化,运用到生活做事的实际中去,才会不断地产生大量的精神食粮,坚忍不拔的精神靠着这些食粮逐步升华。每个孩子都是他自己最大的资本,而自身的资本才是永远取之不完用之不绝的,外在的东西再多都是副产品。

要让我们的孩子懂得"我"就是我,我就是这个世界上的一个独立个体。也许张三的东西很好,李四的也不错,我可

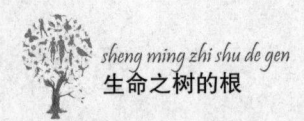

以拿过来试试结合自己的需要,去完善自身或某些事物,但我永远不会成为别人,这就是"个性"。而个性是靠自身的资本支撑着的,资本来源于日积月累的知识,不断实践中的收获。没有野心的人,永远没有大的成就,而有野心且又懂得向内求索的孩子,做事才会有分寸,进取才会有阶梯。因为人内在的潜能才是自身资本的宝藏。当你让你的孩子从小就拥有更多的物品享受时,那你就是在埋没他的潜能,消耗他自身资本的形成。

我自小生长在农村,帮着大人种过庄稼。老百姓有句土话:"有钱难买五月里旱,六月里连阴天吃饱饭。"春天三四月份种庄稼,五月份是小苗扎根的时期,水浇多了根扎不深,浮根多了经不起风雨。我们不妨把老百姓种庄稼的智慧,用在家庭教育上来。可以这样说:"让这棵生命之树的根扎深,就是要把你交给孩子的知识,帮助监督他'学以致用'到实践的深层里去。"家庭教育的成功与否,跟我们大人的思想认识是分不开的。首先家长要明白养育生命重在教育,而不是给与更多的物质,更不能不负责任、不做榜样。大人的思想扎根了,小树的根才能扎得更好,因为是父母在耕耘小树扎根的土地。

我和孩子一起锻炼"学以致用"的经历,用儿子的一篇小文章举个例子。

第十六课 学以致用

学用成语

妈妈经常说:"学以致用。"意思就是学过的东西要用在生活中。我可不例外噢!

记得有一次,我吃早饭时,一不小心把方便面汤洒在身上了。爸爸看见了,哈哈大笑。妈妈问:"用一个成语来形容,他这叫什么行为?"我生气地说:"你'幸灾乐祸'。"

还有一次,我在看动画片。爸爸想看电视剧,爸爸就问我要遥控器,我就不给他。忽然,爸爸说:"妈妈叫你呢。"我急忙跑进屋,问:"妈妈,你叫我什么事?"妈妈说:"我没叫你啊。"这时,我才反应过来,飞快地跑去屋里,看见爸爸正在看他喜欢的电视剧!我把这件事告诉了妈妈。妈妈问:"他用什么法把遥控器骗到的呢?"我含着眼泪委屈地说:"他'调虎离山'!"

星期天,我在舞剑。一不小心把纱窗门捅了个洞。妈妈对爸爸说:"你赶快把纱窗门补上吧!"爸爸却说:"没关系。"过几天,爸爸被蚊子咬了好几个包,这时他才想起来把纱窗门补上。在他补纱窗门时,我站在他背后冲着他喊道:"爸爸,你'亡羊补牢'呀!"

就这样,我在不知不觉中学会了用许多成语。而这些成语能用来避免自己犯错或因失误造成的弯路。

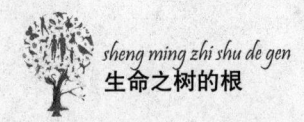

儿子在上小学四五年级的时候，有一天晚上下雨，家里突然停电了，他点着蜡烛坐在窗下的书桌旁看书，窗外面是棵大梧桐树，雨点打在梧桐叶上的声音很响。儿子说："妈妈，你看此情此景像不像诗里写的'隔窗知夜雨，芭蕉先有声'？我是'隔窗知夜雨，梧桐叶先有声'。"我笑着说："这是唐代诗人白居易的《夜雨》。"儿子说我给你们写一首夜雨，你们管我叫什么朝代的诗人呢？我们一家人哈哈大笑！

没电的夜晚

外面下着雨，

屋里点着蜡。

雨打梧桐叶，

噼噼啪啪啪！

雨天的深夜里，

我坐在昏暗的烛光下，

吸取着知识的精华，

像小草得到了雨露，

像鱼儿听着浪花，

耳边响起白居易爷爷的话：

早蛩啼复歇，

残灯灭又明。

隔窗知夜雨，

桐叶先有声。

第十六课的思考题

每个孩子都是他自己最大的资本，而自身的资本才是永远取之不完用之不绝的，外在的东西再多都是副产品。

请写出您对这一课的理解，并谈谈自己的理念。

第十七课

少成若天性,习惯成自然

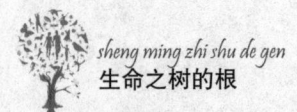

第十七课
少成若天性，习惯成自然

原本我是把这一课的题目定为"自信"的，后来改成了"少成若天性，习惯成自然"。我希望家庭教育能使孩子的自信成为天性，成为自然……

俗话说："没有金刚钻不敢揽瓷器活。"自信是建立在有一定基础之上的，思想知识财富的积累、经验实践收获的积累是产生自信的种子，不是让孩子盲目地自信，那也不叫自信。

《圣经》中记载，实现目标的智慧，毫不动摇的信念可以把大山挪走！好多人会认为这不现实，如果能有远见的智慧，一定还要有充分的信念，才能够促使奇迹发生。我们家长常对自己说："我一定会把孩子培养好，我坚信我能做一个好家长。"你的这种自信的信息会传给孩子，不但他会受影响有自信，而你也会自然而然地就把注意力集中到如何去做上，会绞尽脑汁地想出各种办法来解决遇到的问题。当问题一次次圆满解决后，成功就会随之而来，只要我

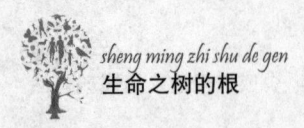

们相信自己能够做到,就会赢得成功,这就是信心致胜的过程。

我们培养孩子孝悌忠信、诚实大气、遇事有担当、学会勇敢等等,有了这些优良品质,更应该有良好的习惯。记得儿子曾经在小学时写过一篇这样的文章,题目是"我是一个小忙人"。生动活泼地记录了他每天需要做的事,从早晨6点半跟妈妈一起起床,洗漱完毕后,利用妈妈去做饭的时间,他看会儿报纸。我们从小学二年级定有"全国优秀少儿报"、"中国少年报"。我做好了饭他就赶过来吃饭,然后上学去。中午放学回家他常常是随笔写点看过某些知识的感受,或是看报纸课外书,吃完中午饭去上学。下午放学回家后,除了吃晚饭其他时间他几乎用在做作业或复习功课上,直到晚上九点半之前,写日记,洗漱完睡觉。当时文章里还记录了我的要求,就是晚上九点半之前必须睡觉,每天的睡眠时间不能低于九个多小时等。日复一日,天天坚持良好的习惯,一切都成为自然。周六、周天是去看老人的日子,大人孩子一起商量给老人买些什么。

另外,我们要在生活中随时随地培养孩子吃苦耐劳的精神,什么事不能做不成就算了,执着、坚毅、吃苦更容易激发自身的潜能。从小事做起,像很小的时候搭积木,一座大楼每次搭到一半的时候容易倒下来,多数孩子没有耐心或着急。这个时候需要大人随同鼓励他,一起战胜急躁、心浮,总结经验看是什么原因造成的倒下来。一次一次实践中避免失误，终于成功时家长一定是鼓励加表扬。事事如此，孩子每做一件事都不允许半途而废，在多次不断地历练中，让他自己具备成功者的各项特质，磨练中培养自己的思维模式。逻辑思维的形成不是靠空想出来的。我们每到周六、周天的早晨，照常像上学的时间一样起床，去城外的野田跑步，他能把光秃秃的冬天写成仙境而又不失真实。

下面是儿子小学时写的一篇作文：

田野里的仙境

初冬的早晨，天刚蒙蒙亮，在这个大自然"沉睡"的时刻，城外的田野里似乎格外迷人。

漫步在田间的小路上，仿佛走进了仙境，一棵棵本是枝叶茂盛的大树，转眼变的光秃秃的，树下铺满金黄的树叶，冷风吹来，树叶随风飘舞，大树默默地摆动几下，仿佛是在"沉睡中"等待春天的苏醒。麦苗却好似精力充沛的小孩子，还是那么绿油油的，它们在冷风中摇摇摆摆地玩耍，像是在等着看看雪呢！小路又弯又长，把我们引到了田野深处。四周是一层朦胧的雾，远望去，又像是一片变化无穷的大海。看不够的是这田野的风光，吸不够的是那清鲜的空气。田野虽不是风景旅游区，但它那自然庞大的美景，使我陶醉在其中，久久不愿离去。

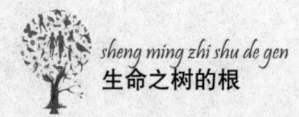

第十七课的思考题

如果能有远见的智慧,一定还要有充实的信念,才能够促使奇迹发生。我们家长要对自己说:"我一定会把孩子培养好,我坚信我能做一个好家长!"

读完这一课,请写出来您的决心和计划。

第十八课

莫强求

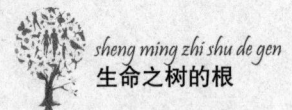

第十八课
莫强求

　　古圣先贤告诉我们："仁者无敌。"我相信爱是这个世界上最伟大的法宝，爱的无私加正义的力量能战胜一切。

　　毛主席说过：人贵有自知之明。当我们大人不经意地嫌弃孩子的时候，责备孩子没别人优秀、怨恨孩子为什么考试成绩没有别的同学好、你看人家谁谁的时候，有没有也同时想想自己？检查一下自己有没有尽到责任？在茫茫人海之中，朋友同事之间是不是也有比自己优秀的？总之要求我们孩子做到的事，一定要先考虑我们自己做的如何？尽可能地让孩子对您心服口服，才能达到您所要求的目的。

　　做有智慧的家长，做树榜样负责任的家长，做孩子敬佩信任的家长，做和孩子没有代沟的家长。我们这本书的第一课"寻生命之根"里讲到过人与生俱来一部分天性各有不同，我们在第六课"天然的因材施教"中也讲到"父母要长一双智慧的眼睛，发现孩子的亮点加以培养"，第九课中我们也谈到了杜绝简单粗暴。

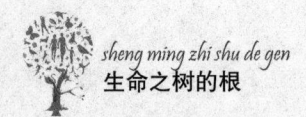

生命之树的根

我儿子在上小学三年级的时候,有一次中午放学回到家,把书包放到沙发上,趴沙发上就哭,我急忙过去问怎么了?他边哭边告诉我说书包里有张卷子让家长签字。我拿出来看,是张数学卷子,上面只做了一半的题,在卷子的最上面有老师用红笔写的三个字"倒第一",还用红笔把这三个字圈起来,让家长在这个圈后面签字。我安慰儿子说咱的成绩考不了倒第一的,你别哭,起来给妈妈说明情况是咋回事?他边哭边说:"上星期五下午放学时老师布置了书本里的作业,也布置了这张卷子,星期六和星期天我光想着做书本的作业,忘记做这张卷子,星期一上午上课老师说把星期五布置的数学卷子交上来,按考试打分,我才想起来还有张卷子没做,急忙拿出来赶快写,写了一半的时候被人收走了。"我听完了这个经过,一边在红圈后面也签了三个字,一边劝儿子:"别哭了,起来看妈妈给你签了什么字?"儿子起来一看,带着眼泪笑了,吃完饭他高高兴兴地上学去了。放学回来告诉我说:"妈妈,我们班同学都瞪眼睛。说邹森你考倒第一,你妈妈签'没关系'。"我说你知道妈妈为什么要签"没关系"吗?因为我相信下次考试你一定能上去,而且老师布置的作业今后也不会忘记。孩子认认真真地听完,使劲地"嗯"了一声。他肩负着妈妈的信任,会很用心地去做的。

他们班老师为了帮助学习不好的同学,安排学习桌一个学习好的挨着一个学习不好的。我儿子的同桌是个经常在班里考倒第一的孩子，不但在班里经常被老师骂，他还告诉我儿子回家爸爸妈妈打骂的比这厉害。我儿子自小没有这样的"待遇"，感觉可受不了。到了快期末考试的时候，孩子回到家对我说："妈妈，我同桌说要是这次期末考试考不好，回到家他爸爸妈妈就让他吃棒子。"我没反应过来，问儿子吃棒子是怎么回事？我儿子说："就是他爸爸妈妈要用棍子打他。"我儿子一边说一边察言观色地问我："妈妈，我要是考不好呢？"我语重心长地告诉儿子："只要你给妈妈说，我已经尽到最大最大的努力了，这就是咱最好的成绩。不管考了多少分，考了多少名，妈妈照样给奖励！"

有一天，我打扫卫生时，发现我儿子书桌上有一团废纸，刚想把它扔垃圾桶里，看到纸团里有密密麻麻的字，我打开一看，是儿子心情不好时写的随笔，字很乱也不太成行，可仔细看下来这不经意的发泄，说明了现代教育存在的很多问题。我立刻把文章整理出来，打印好交给学校班主任一份，让她开家长会时给家长们提个醒。我把这篇文章也放在这一课里给大家看看。

可怜的倒第一

小孩不是那么好当的，尤其是学习成绩倒第一。我们小孩子有气没处发，渐渐地会积压许多心理压力，倒第一的心理压力更大。他无时无刻不在提心吊胆，生怕一句关于他学

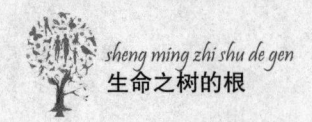

习的话。打个比方：如果把一个倒第一的心理压力，转加给一个大人的话，那不是一个普普通通的人能承受得了的。难道他们愿意自己笨吗？

啊！倒第一是多么可怜。每一次考试他所要做的就是心理准备，他要受到三方面的心理冲击，老师的那一句句让人悲伤的批评，同学那一声声刺耳的耻笑，父母那一个个让人痛不欲生的巴掌，都像是在他们幼小的心灵上刻下一道道伤口。可他们为什么连一声怨言都不说？因为有谁会给他们这样的权利、自由，他们很少流泪，那是他们早已习惯了这样。多么可怕的事实啊，大人们，你们难道就没有一丝同情吗？你们难道不知道，在你们一个个巴掌的背后，会让他们感到什么吗？他们喜欢和机器交流，那是因为电视、电脑不会打他们，更不会没完没了地责备他们，而是给他们带来快乐。也许，他们心中有过远大的目标，可你们一次次给他们带来伤害和绝望，他们是有压力的。他们需要的是安慰、同情、鼓励，可没有一个人给他们力量，这样，谁还会学习好呀！

父母们！老师们！醒悟吧！别再利用你们的巴掌教育小孩子了，给我们一个健康的心理吧！你们应该理解我们呀！我们还在成长啊！给我们一个快乐童年吧！别在我们童年的美好记忆里留下一道道伤疤。

谢天谢地，我没有遇上动不动就打人的父母，所以，我的文章写得挺不错，不然，灵感和艺术细胞也会被吓跑的。

我们前面提到过，家庭教育是一门艺术，它应该是在和谐互动中一起进步，强求是没有素质地去伤害孩子，哪怕是他真的有错屡次不改，我们的惩罚或教育也要寻准病根，找对方法，更要"严爱互济，恩威并用"。

第十八课的思考题

家庭教育是门艺术，它应该是在和谐互动中一起进步！强求是没有素质地去伤害孩子。

读完这一课请您仔细想一想，自己对孩子的教育是否对号入座？是否恰如其分？请写出来。

第十九课

责任心

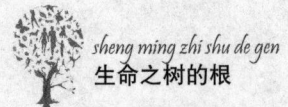

第十九课
责任心

责任心是制造成功的根源。一个人越是成功，越不会找借口，99%的失败都是由于人们习惯于找各种各样的借口。孩子不够聪明，我自己太忙，或身体不好等等，同样大人的责任心会影响孩子。

人这一生受到的教育不外乎四种：家庭教育、校园教育、生活教育和社会教育。一个人如果在家庭里有责任心，会给家人带来轻松愉快，也会拥有幸福的家庭；如果在单位里有责任心，会给同事们带来温暖和快乐，自己的职务也会因此而得到提升。责任心是一种能量，由自身发出而使别人受益的能量。一个人如果处处都有责任心，他不但给自己处处种下收获的种子，也给别人挡风撑伞。很多大人有个误区，比方孩子在学校打了架或在外面惹了什么事，首先大人想到的是怎么为孩子开脱，怎样找借口把责任往外推。其实从小的责任心不是怎样练出来的，都是教育或身边耳濡目染形成的。大人如果处处有责任心，也教育孩子遇事要先找自己的原因，

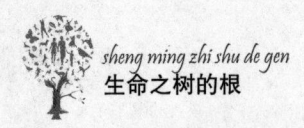

积少成多养成习惯自然责任心就形成了。

我经常会给孩子说:"什么事什么事你帮我想着点,妈妈爱忘事,你的记性好,别让我忘了显得没有责任心。"他从小就会替我想着好多事,自然而然地他会觉得这是一种责任,甚至我把事忘了的时候,他会说:"对不起!怪我没提醒您。"我儿子小的时候,出门锁大门他准会问带钥匙了吗?推自行车让他坐后面,他准会问用不用打气?有一次在姥爷家和姐姐出去玩了,当时正是秋收的季节,好多玉米在房顶上晒,他看着太阳被乌云遮住了,天像是要下雨的样子,就赶快跑回家来对他舅舅舅妈说,"你们快点把玉米弄下来吧!天可能要下雨了。"一屋子大人都笑他。

孩子的责任心、公心自小培养好了,有利于他一生的前途发展。孩子在上小学高年级时,我们住的是平房家属院,在家属院的后边是一条小河,夏天他经常在河边看书。有很多人不注意环境卫生,往小河边上倒垃圾,他很不高兴又没办法,因此写过一首呼吁环境保护的文章。

漫步岸边

浓烟,张开它的羽翼,吞噬着,新鲜的空气。污水,在小湖中留下它的足迹,顿时,鱼儿们不能呼吸。环保没有奇迹,只是脚踏实地地去努力……

浓雾,挡住了人们的视线,污水中,只有一只孤单的帆,漫步岸边,心中断了线,像一只折了羽翼的飞燕,永远不可

第十九课
责任心

能飞向天边。风吹走思念，空气陷入了永远的失眠，小草在污泥中沦陷。抬起头，浓烟让星星不再眨眼，连调皮的月亮，都变的无言。无数的心沉沦在灰色之间，落入污染里面。最后一丝空气被无情地斩断，最后一滴淡水被残酷地烤干。而我，依然守护着绿色的心愿，等待一切生机出现……

不要以为我在危言耸听，现在的我早已没有了开玩笑的心情。我们每次无心的一行，将会危及到一个弱小的生命。看着零落的树影，想一想，大自然还能忍受多久我们的无情。没有归属的名，缠着不再发光的星，倾诉着，我们的一言一行。绿色的精灵，放弃了这个叫地球的行星。能留住它们的，只有服从环保的命令。

珍惜每一滴水，别让江河沉睡；守护每一片绿，留下小草的欢乐。只要珍惜每一次的行动，绿色，将永远留在我们当中。

一只只小鸟，唱起了爱的歌谣。我们冲着污染大叫："滚吧，你们这些大盗，永远别想抢走我们的绿色财宝。"地球露出微笑，太阳的光重新照耀，花儿盛开在世界的每一个角，大地上又铺满了绿色的小草，柳树再度舒展它的身腰，大家都在一起舞蹈。这一切一切，都要归功于环保！

这不是想像，灰色并不代表绝望。相信，绿色，就在我们的前方，充满希望，插上梦的翅膀，去飞翔，播种绿色的梦想。

在我们生活的这个世界里，最平静的是人，最了不起的

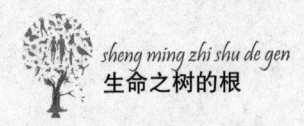

也是人,关键是看这个人他为身边的人、为社会做了哪些贡献,他为家庭、为社会,甚至为国家负有什么责任。

我的父亲从我记事起就是一个农民,记得上小学时,每次放学母亲都让我去叫父亲回家吃饭,然后我会跑很远的路去队上的一个磨坊,父亲当时为了给队上搞点副业,没黑没夜地做粉条加工。所有的技术活都是他一个人自己做,还不能耽误地里的农活,有时候累的手腕肿起来,母亲总是会抱怨几句。长大一点的时候,经常听哥哥说父亲,你这一辈子冤不冤?听父亲讲他十六岁那年,日本侵略中国,他觉得自己长大了是个青年人了,应该参军扛枪打日本,就这样父亲十六岁参军,十八岁当连长成为国民党的军官,八年抗战身上受过两次伤。日本投降后,国共准备要开战时,父亲坚持要离开部队回家种地,理由是家里有老母亲。部队不放他回家,如果非要走这八年的战斗不给记任何功,也不发给退伍证。那父亲也还是回家了。后来他告诉我们他回家的真正原因是,他不想打中国人,他说扛枪是为了打日本,日本投降了,他没有多少文化,不太懂政治,不管国民党还是共产党都是中国人。就这样,父亲辛辛苦苦、勤勤恳恳、任劳任怨地做了一辈子农民。听母亲说,哥哥小时候,还没有我的时候,父亲给队上当保管员,不小心被人偷走两百元钱。在上世纪六十年代初的农村,两百元钱是一家子人两三年的收入。当时队上没说让父亲赔,因为我们家并不宽裕。父亲却坚持要赔,他利用农活不忙的时候给人家理发，理一个发要5分钱，为了省下来钱赶快赔给队上，父亲在集市上给人家理发一天都不吃饭，回家后脚都是肿的。父亲经常告诉我们，是谁的责任就是谁的责任，天塌下来也得要顶住。直到他老人家九十二岁去世，留给我们的影子仍然是善良正义，威武不屈。

我经常告诉我儿子，在妈妈眼里，所谓的大人物，不是拥有什么样的职务，更不是金钱、地位，而是像姥爷这样的人。他永远是妈妈心里最伟大的人，我们一生都应该向他学习！

最后，用我儿子的一篇小文章来作为这一课的结尾。

假如我是一只小鸟

假如我是一只小鸟，
我要飞到祖国的边疆去看看。
我们和邻国是否友好，
领土有没有被侵占。

假如我是一只小鸟，
我要飞到北京去看看。
2008奥运会是否准备圆满，
我能否增瓦添砖。

假如我是一只小鸟，

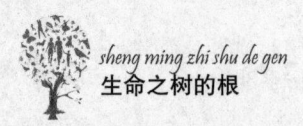

我要飞到部队里去看看。

解放军叔叔是怎样练习,

为保卫祖国站好岗,值好班。

假如我是一只小鸟,

我要飞到建筑工地去看看。

唱一首优美的歌送给工人叔叔,

为他们消除疲劳和热汗。

假如我是一只小鸟,

我要飞到田里去看看。

庄稼是否旺盛,

有没有被害虫咬。

第十九课的思考题

　　如果你想让孩子成为一个有能力的人,首先要让他成为一个有责任心的人。因为责任心是一种能量,由自身发出而使别人受益的能量。写一写您对这一课的认识。

第二十课

做孩子的向导

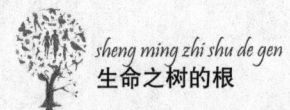
sheng ming zhi shu de gen
生命之树的根

第二十课
做孩子的向导

记得在前几课里提到过，父母的言行是孩子眼睛外的眼睛，耳朵外的耳朵，心灵与思想上的精神食粮。积极向上以及正确的引导是孩子成长路上的一盏明灯。

从孩子自小会说话开始问问题起，大人都不要嫌烦，或敷衍孩子，更不能推辞或打击他的求知欲。知道的知识耐心讲解，不知道的和孩子一起看书学习，直到破谜解雾为止。对孩子在幼儿园或学校里遇到不知所措的事，帮他分析帮他解决，和他一起面对碰上的所有自己处理不了的事。

记得我儿子小时候，我习惯给他穿布鞋，最好连鞋底都是布的，我觉得这样的鞋养脚，不至于出很多的汗湿了脚。儿子听我这样说，也总认为布鞋好，可幼儿园里的小朋友大部分都穿皮鞋，而且比名牌。我儿子给小朋友介绍说布鞋的好处，其他小朋友就说皮鞋的好处，我儿子说不过人家挺着急，回家来问我。我告诉儿子别跟小朋友争，你说咱们比比看谁的小脚丫不出汗，不把鞋垫湿了，看谁的鞋先穿破。他

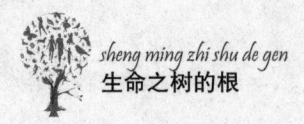

使劲"嗯"了一声,说我明天就告诉他们。这是一件小的没法再小的事了,可不管大事小事你都能做他的向导。他对你的信任增加了,有利于他听你的话,对你说过的事都牢牢记心里。

记得上四年级的时候,有个星期天上午,同学来家叫他出去玩,他问我让去吗?我说去吧!同学来找呢!出去不到二十分钟他就回来了,我问他怎么这么快就回来了,他说妈妈你知道他们去什么地方了吗?去网吧。明明网吧门口写着未成年人不得入内,可是网吧老板看我们同学过去,笑得眼睛眯成一条缝。我问他怎么没进去啊?我儿子说,"你不是说过那地方不好吗?"我特感动,下午告诉我老公什么也不干,给儿子买电脑去,买回来就放在他的卧室里。我告诉儿子:"别的小朋友他妈妈说,家里的电脑只准他一星期玩两个小时的。你知道妈妈为什么把电脑敢放你卧室吗?因为你有定力!你知道用理智战胜欲望,这一点非常可贵。"

在孩子上中学时我已来济南做生意,刚扎下根就迫不及待地把他转学过来。当时正是升初三的暑假里,我对他说:"咱不但要转到省城去读书,而且争取考省里最好的高中——"省实验"。他担心地问我:"妈妈,转省城去我能跟上班吗?"我说妈妈会帮助你的,只要咱俩共同努力,没有上不去的坡。就这样,儿子很高兴地转到济南上学。当时两边中学的课本版本不一样,一边是苏教版,一边是人教版,孩子得一边学初三的新课程，一边过渡初一初二的课本，尤其是英语、物理，完全不一样。在这种情况下想考"省实验"难度非常大。为了减少上下学路上的时间，我在他学校门口租了房子。在儿子初三这一年里，我没看过电视没看过电脑（在单位除外）。每天早晨起来，做好早饭打发孩子上学走了，我再给他做好中午饭，放在锅里，等他中午放学回来吃，我才可以去店里。下午孩子放学回家，饭准在桌上，他吃完饭去学习，我会倒杯水、洗点水果放他面前，然后一声不吭地去菜市场买菜，回来把自己关在厨房里，把菜分类洗好切好，准备第二天的饭。为加强营养，我几乎让他七天的早餐吃七样。孩子刚入校时考中游，到了寒假期末考试已经是年级前五名，校长还给他发了奖学金。可是中考前报志愿时校领导不同意孩子报考"省实验"，理由是在校时间短，风险太大，而且户口不在这，没办法占学校指标，只能考"通招"，很难。我儿子有些犹豫拿不定主意来问我，我说人在这一生中没有多少值得拼一拼的时候，蹦一蹦就能够着的事，最好蹦一蹦。就这样我们没有听校领导的话，报考了"省实验"。

　　考试的当天我坐在外面车里等，我儿子每考完一场都出来坐车里给我说说。当考完语文时他出来给我说，作文是以一首诗歌的形式写的。我有些着急了，我埋怨他为什么不听老师的话呢？因为语文老师再三叮嘱，作文一定要写旧不写新。因为时间短，逻辑容易不严密，看到题目把之前写过类

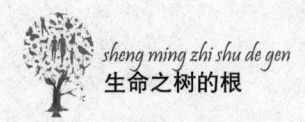

似作文抄上去。"你写新的还用诗歌的形式,如果碰到改试卷的老师欣赏你的这种风格的可能会沾光,但多数老师都是死按题目扣的,你就非吃亏不可。"这一关太重要了呀!要想"通招"分考实验中学的每科成绩失分不能超过三分。儿子的一句话说的我无言以对,他说:"我不愿意为了目的去做那种中规中矩的事情。"孩子考完就回老家找同学玩去了,我的火大得都说不出话来了,因为是我力排众议让儿子报考的"省实验"。他没有多少压力,可我有。好不容易拿到录取通知书时,正赶上公司开业,请帖都发出去了,我又让工作人员改了时间,让财务买了两张飞机票,带儿子去了内蒙古大草原。

上高一时学校选校园广播站的广播员,而且广播的材料自己收集自己写。他报名了这一次的演讲比赛,回家告诉我说:"妈妈,我回来的路上在公交车上有些害怕,万一考不好怎么办?"我安慰孩子说:"怕字是一个竖心一个白,说明人心里没有东西空白了才会害怕,你去把演讲稿准备好,多练几遍准不害怕了。考上了证明你有这个实力,考不上继续努力!至少咱试过了。"后来儿子被选上了!

给孩子破谜解雾!给孩子打气加油!给孩子点亮成长路上的一盏盏明灯!

祝愿天下所有的父母,动员起来陪孩子走好生命之树的第一站,做好家庭教育,为国家为社会培养有用的人才!

第二十课的思考题

给孩子破谜解雾！给孩子打气加油！给孩子点亮成长路上的一盏盏明灯！

请您举个例子写一写在家里与孩子发生过的小故事。

后　记

　　本人笔名"家中月",不是专家亦非教授,也并无高的学历。曾经做过十几年产业项目,却因种种原因而失败。一个普通的家庭妇女,用自己的亲身经历和思考写出了平凡家庭的这本育儿通俗读物。愿以此作为与大家沟通的桥梁,广结天下平凡与不平凡的父母们,我们大家一起行动起来!共同探讨家庭教育的奥妙与乐趣……

　　我写得不好,但都是发生在身边的实事。我不喜欢书面性的东西太多,理论复杂逻辑重叠,一本书看完挑挑拣拣没多少用得上。

　　《生命之树的根》分为一部、二部、三部,也就是初级、中级、高级,逐步系列出版并跟踪服务。本书为第一部,通俗易懂,简单直接明了,只是想抛砖引玉,通过推广自己的理念,引来大家的集思广议,并学习大家的理念。

　　希望也衷心地请求,您通过读这本《生命之树的根》,完成课后的作业,参与到我们当中来,同时我也能借此机会得到大家的教育,让我们一起互助为家庭教育事业努力学习!

谢谢大家!

作者笔名:家中月

手 机 号:18863559138

邮　　 箱:2698042507@qq.com